KB214690

로마서 강해

Romans

로마서 1-2장

로마서 강해

김병훈

개혁된실천사

로마서 강해 1

지은이   김병훈
펴낸이   김종진
편집   김예담
초판 발행 2023. 11. 15.
등록번호 제2018-000357호
등록된 곳 서울특별시 강남구 선릉로107길 15, 202호
발행처   개혁된실천사
전화번호 02)6052-9696
이메일   mail@dailylearning.co.kr
웹사이트 www.dailylearning.co.kr

책값은 뒤표지에 있습니다.
ISBN 979-11-89697-49-5 03230

• 로마서 1-2장 •　　　　　　　　　　　　　차례

로마서 연속 설교 서문

지극히 아름답고 영광스러운 하나님의 말씀 계시인 로마서를 읽고 그리스도의 교회에서 교인들에게 설교한다는 것은 실로 영광스러운 일입니다. 아마 강단에서 설교의 사역을 맡은 사람이라면 누구라도 로마서 강해설교를 꿈꾸어 볼 일이지 않겠나 생각합니다.

로마서는 신구약 성경 전체를 조망하는 관점을 열어주며, 구속사의 관점에서 구원론에 관한 가르침은 물론, 기독론, 계시론, 인간론 그리고 예정론을 포함하는 신론을 담고 있는 광대한 신학을 열어 보여줍니다. 이것뿐이 아닙니다. 로마서는 지극히 실천적인 교회론을 제시하는 목회 서신의 성격을 또한 아름답게 보여줍니다. 아울러 성경신학적 관점에서 구약을 읽는 신약의 해석적 원리와 방향을 규정하며, 그러한 의미에서 성경해석학의 정당한 기준을 제시합니다. 예를 들어 믿음으로 죄인이 의인의 신분을 얻는다는 이신칭의의 교리에 대한 성경적 근거가 어떠한지를 밝히는 구약성경의 해석적 토대를 세워줍니다. 이러한 해석적 지침은 그리스도의 복음의 정수를 결정하는 성경의 교훈이 무엇인가에 대한 신학 토론을 매듭짓는 최종적인 권위입니다. 이러한 로마서의 권위는 로마서를 교회에서 설교하여야 할 충분한 이유를 밝혀줍니다.

로마서가 복음을 영광스럽게 규명하는 영광스러운 하나님의 계시라는 객관적 권위의 성격에도 불구하고, 로마서를 교회에서 설교하는 것은 참으로 어려운 과업입니다. 로마서를 학습하는 일뿐만 아니라, 이것을 설교의 형태로 전달하는 일은 많은 학습 노력과 전달 기술을 요구합니다. 뿐만 아니라 로마서의 깊은 신학과 교훈을 설교의 방식을 통해 회중에게 전달하는 일은 이것을 듣는 회중의 집중과 인내를 또한 요구합니다. 로마서 설교의 영광스러움 때문에 로마서를 들었다가도, 작업의 지난함 때문에 몇 번이고 망설인 것은 이러한 이유 때문입니다.

선하신 하나님의 은혜로 나그네 교회가 설립되면서 모든 설교를 가급적 성경 강해로 한다는 기본 원칙을 세우고 이에 따라 성경책을 선택하는 가운데 감히 로마서를 포함하여 살피기로 결심하였습니다. 앞서 말한 어려움을 잘 알면서도, 오직 한 가지 바람 때문이었습니다. 그것은 나그네 교회가 이처럼 소중한 로마서의 교훈을 듣고, 복음을 균형 있게 깨닫고, 복음적 진리와 사랑 가운데 바로 서는 교회가 되었으면 하는 바람이었습니다. 설교의 책임을 맡은 설교자도 로마서를 학습하며 복음 앞에 바르게 서고, 회중들도 들으며 바로 서는 복된 은혜를 구하며, 설립된 교회를 선히 함께 이루기를 바라는 바람이 간절했습니다.

나그네 교회의 로마서 설교는 2016년 1월 6일부터 2018년 1월 31일 사이에 수요기도회에서 65회에 걸쳐 로마서 11장까지 행하여졌으며, 이후 2018년 3월 11일부터 2018년 9월 2일 사이에 주일 오전 예배 설교를 통해 로마서 16장 마지막까지 13회에 걸쳐 행하여진 것입니다. 로마서의 설교를 정한 순서에 따라 다 마친 후에, 어쩌다 필요에 의해 다시 간추린 형태로 된 설교 노트를 보면, 부족한 부분이 눈에 훤히 들어옴으로 인해 아쉬운 마음뿐입니다. 그럼에도 설교자에게 로마서 설교의 한 예를 보여드리는 데 도움이 되고자 하는 오직 한 가지 목적에 의미를 두고 이렇게 책으로 출판하기에 이르렀습니다.

이 책은 로마서를 주석한 책이 아닙니다. 그런 만큼 신약학자의 노력에 비할 바가 못 됩니다. 또한 이 책은 설교집이기는 하지만 감동적으로 복음을 풀어내는 설교와 비교할 바가 못 됩니다. 책의 성격은 일반적인 설교에 비해 강의를 담고 있다고 평가가 될 수도 있겠습니다. 분명히 이 책에 실린 글은 모두 실제 교회에서 설교한 그대로입니다. 하지만 어떤 이들은 이 설교들이 마치 강의를 전달한 것과 같다는 반응을 보이신 분도 계셨습니다. 설교학자의 평가는 어떠할는지 모르지만, 나그네 교회 회중들에게 전하였던 설교이므로, 부족한 것은 두말할 필요가 없을지라도 이 책이 설교집인 것은 분명합니다. 아무쪼록 로마서 설교를 하고자 하는 분에게 하나의 사례가 되기를 바랄 뿐입니다. 개인적으로는 조직신학을 (아주 조금뿐이지만) 공부하는 사람으로 로마서 설교를 진행하면서 개혁신학의 교리와 성경의 주해가 만나는 진리 발견과 복음 이해의 큰 기쁨을 누려왔습니다. 이러한 기쁨이 이 책을 통해서 로마서 설교를 읽고자 하는 분들에게 전달될 수 있기를 바랍니다.

이 책을 출판하면서 감사를 드릴 분들이 많습니다. 먼저는 출판을 격려해주신 존경하며 사랑하는 나그네 교회 교우 여러분, 당회와 제직회원들, 원고를 정리하는 데 수고해준 교우들, 그리고 끝으로 편집과 출간을 위해 수고해준 개혁된실천사 관계자분들에게 감사드립니다.

오직 하나님께만 영광이 있기를 바라며, 하나님의 크신 긍휼과 도우심의 은혜를 찬송합니다.

로마서 1-2장 서문

본권에 실린 설교는 2016년 1월 6일부터 3월 30일까지 11번에 걸쳐서 수요일 밤에 로마서 1장과 2장을 설교한 것입니다. 로마서 1장은 로마서가 전 권에 걸쳐서 그토록 강조하는 '예수 그리스도의 복음'이 무엇인가에 대한 정의를 제시합니다. 이것은 16절 "이 복음은 모든 믿는 자에게 구원을 주시는 하나님의 능력이 됨이라 먼저는 유대인에게요 그리고 헬라인에게로다."에서 확인되는 정의입니다. 이 정의는 복음에 관해 적어도 세 가지를 함의합니다. 첫째, 구원과 관련하여 복음이 보편인류를 대상으로 하는 포괄성을 지니고 있음을 시사합니다. 유대인만이 아니라 이방인들도 구원의 대상으로 품고 있기 때문입니다. 둘째, 구원과 관련하여 복음의 배타성을 함의합니다. 그 까닭은 구원이 유대인이든 헬라인이든 누구라도 믿는 자에게 주어지며, 유대인만이 아니라 누구라도 예수 그리스도를 믿어야만 구원을 받는다는 사실을 제시하기 때문입니다. 그리고 셋째, 구원은 하나님의 능력으로 주어지는 은혜의 선물임을 명시합니다. 이것은 하나님이 아닌 사람이 스스로 자신의 능력으로 구원을 획득하는 것이 아니라는 점을 분명하게 밝힙니다.

이러한 복음의 정의의 세 가지 특징은 로마서 전체의 주제를 규정합니다. 곧 사람이 스스로 구원을 이룰 수 없는 까닭을 밝히는 인간론 이해, 이러한 인간을 구원하기 위하여 그리스도께서 행하신 사역을 상술하는 기독론 신학, 율법으로 인한 의과 복음으로 인한 의의 대조, 아울러 구원을 주시는 하나님의 능력과 관련한 은혜를 극명하게 진술하는 예정론과 섭리론의 진술을 이끌어 갑니다.

이러한 맥락에서 본권에 담은 1장의 설교는 로마서 전개 순서에 따라서 불의하고 불경건한 자를 향한 하나님의 진노와 심판을 다룹니다. 이어서 2장의 설교는 불의하고 불경건한 자를 향한 하나님의 정죄와, 이를 행하시는 하나님의 공의를 풀어갑니다. 이어서 정죄가 공의로운 까닭을 설명하기 위하여 심판의 근거로서 보편인류에게 주어진 양심과 유대인에게 주어진 율법을 역할을 제시합니다. 마지막으로 율법을 받았으나 그 율법으로 유대인을 의롭다 하지 못하는 까닭이 할례받지 못한 마음에 있음을 드러냄으로, 율법이 의를 세우기보다 도리어 심판의 기준으로 작용하는 이유를 밝힙니다.

1장과 2장에서 교훈하는 이러한 영적 교훈들이 잘 전달되어, 독자 여러분이 복음의 토대를 보다 더 선명하게 이해하고 하나님의 사랑과 그리스도의 은혜를 더욱 깨닫는 복 누림이 있기를 기원합니다.

1. 로마서 개관

사도 바울은 로마서 1장 1-7절에서 자기가 어떤 부르심을 받았는지, 자기의 사도직이 무엇인지 말하고, 사도직의 내용을 설명합니다. 5절에서 바울은 "그로 말미암아 우리가 은혜와 사도의 직분을 받아 그의 이름을 위하여 모든 이방인 중에서 믿어 순종하게 하나니"라고 말합니다. 이 말씀을 통해 바울은 자신이 부름받은, "사도"라는 직분의 성격을 뚜렷이 제시하고, 그 사도로서 자신이 해야 할 일은 이방인에게까지 그리스도의 은혜를 전하는 것이라는 사실을 밝힙니다.

8-15절에서는 자신이 로마 교회를 정말로 방문하기를 원했으며, 로마 교회 성도를 생각할 때마다 자기 마음에 항상 기쁨이 있다는 인사를 전합니다. 이어지는 부분은 유명한 구절입니다.

"내가 복음을 부끄러워하지 아니하노니 이 복음은 모든 믿는 자에게 구원을 주시는 하나님의 능력이 됨이라 먼저는 유대인에게요 그리고 헬라인에게로다 복음에는 하나님의 의가 나타나서 믿음으로 믿음에 이르게 하나니 기록된 바 오직 의인은 믿음으로 말미암아 살리라 함과 같으니라"(롬 1:16-17).

여기에 복음의 정의가 나옵니다. 복음은 무엇입니까? 16절에서 말한 대로 복음은 "모든 믿는 자에게 구원을 주시는 하나님의 능력"입니다. 하나님의 능력에는 좌절도 실패도 없으니, 하나님은 예수 그리스도의 복음을 믿는 모든 사람에게 예외 없이, 반드시 구원을 주십니다. 그리고 "유대인에게요 그리고 헬라인에게로다"라는 말씀은 복음이 보편 대상에게 차별 없이 미친다는 뜻입니다. 그리고 하박국을 인용한 "의인은 믿음으로 말미암아 살리라"라는 17절 말씀을 통해 사도 바울은 자신의 사역의 성격을 제시합니다. 여기까지가 서론입니다.

이제 1장 18절-3장 20절이 둘째 단락인데, 이 말씀은 죄의 보편적 양상과 그에 대한 하나님의 심판을 논증합니다. 특히 1장 18절은 "하나님의 진노가 불의로 진리를 막는 사람들의 모든 경건하지 않음과 불의에 대하여 하늘로부터 나타나나니"라고 말합니다. "하나님의 진노가 나타났다!" 이 선언적 사건 앞에서 우리는 숨이 탁 막힙니다. 어떤 사람은 이렇게 질문할 수도 있습니다. "그냥 살아도 별일 없을 줄 알았는데 하나님의 진노가 모든 불경건과 불의에 대해 하늘로부터 나타난다고 하니 어떻게 해야 합니까?" 이에 대해 2장 29절은 이렇게 말씀합니다. "오직 이면적 유대인이 유대인이며 할례는 마음에 할지니 영에 있고 율법 조문에 있지 아니한 것이라 그 칭찬이 사람에게서가 아니요 다만 하나님에게서니라."

1장 18절에 나온 "불의로 진리를 막는 사람들"이 누구냐는 질문에 우리는 유대인들이 다음과 같이 대답했다고 예상할 수 있습니다. "그것은 이방인이다! 우리 유대인들에게는 하나님의 진리가 있고 그 진리를 그대로 품고 있기 때문에 우리는 아니다!" 그러나 바울은 그 대답에 대해 "하나님께서 외모로 사람을 취하지 아니하심이라"라고 말하고(2:11), 표면적 유대인과 이면적 유대인을 구분함으로써 유대인에게도 이 정죄가 그대로 미침을 설명합니다.

이어서 3장 9절에서도 "그러면 어떠하냐 우리는 나으냐 결코 아니라 유대인이나 헬라인이나 다 죄 아래에 있다고 우리가 이미 선언하였느니라"라는 말씀으로 모든 인류에게 예외 없는 하나님의 심판을 설명합니다. 그리고 3장 20절에서는 "그러므로 율법의 행위로 그의 앞에 의롭다 하심을 얻을 육체가 없나니 율법으로는 죄를 깨달음이니라"라는 말씀으로 마침표를 찍습니다. 왜 모든 사람이 하나님의 진노 아래에 있습니까? 유대인이든 헬라인이든 모든 사람은 보편적 죄의 양상 가운데 있으며, 누구도 율법의 행위를 통해 의롭다 함을 얻을 수 없기 때문입니다. 이렇게 20절까지 로마서 앞부분에는 죄의 보편적 양상과 아무도 옴짝달싹할 수 없는 정죄 선언이 나옵니다.

지금까지의 말씀을 자신에게 적용하면, 의인은 하나도 없다는 말씀 앞에 아무도 예외가 없다는 사실을 깨닫게 되면서 자신이 참으로 죄인임을 인정하지 않을 수 없습니다. 그리고 무릎을 꿇지 않으면 살 길이 없음을 알게 됩니다. 그 결과 "어쩌면 좋은가? 어떻게 해야 하는가?" 하며 깊이 탄식할 때 비로소 3장 21절부터 8장 마지막에 걸쳐서 나오는, 믿음으로 의롭게 해주시는 하나님의 은혜의 복음이 찬란하게 비칩니다. 하나님은 이 짙은 어둠으로, 이 진노의 지옥 속으로 은혜의 긍휼의 손길을 깊숙이 내미십니다.

20절에서 "그 죄를 깨달으라. 의인은 없다."는 선언으로 마침표를 찍으신 하나님은 바로 이어서 21-22절에서 우리에게 생명길을 보이십니다. 이 말씀은 하나님이 우리를 향하여 그분의 은혜를 얼마나 급히, 숨 가쁘게 내미시는지를 알 수 있습니다.

> "이제는 율법 외에 하나님의 한 의가 나타났으니 율법과 선지자들에게 증거를 받은 것이라 곧 예수 그리스도를 믿음으로 말미암아 모든 믿는 자에게 미치는 하나님의 의니 차별이 없느니라"(롬 3:21-22).

"차별이 없느니라." 차별이 없이, 믿는 자는 누구나 하나님 앞에서 은혜로 살길이 생겼습니다. "하나님의 의"가 주어졌기 때문입니다. 그것은 율법을 지킴으로 얻는 의가 아니요, 율법과 선지자들이 증거한 예수 그리스도의 의입니다. 22절은 우리가 믿음으로 하나님의 의를 받았다고 말합니다. 그리고 그것을 3장 31절까지 쭉 설명하면서 어떻게 그럴 수 있는지 예수 그리스도의 죽으심과 속량과 화목제물 등을 통해 설명합니다. 그리고 4장에서는 3장 21-22절 말씀이 사도 바울 자신이 새삼스럽게 한 말이 아니요, 이미 구약 성경에서 하나님이 교훈하신 것이라고 말합니다.

4장 1-12절에서는 아브라함과 다윗을 예로 들어서 말합니다. 4장 3절은 "아브라함이 하나님을 믿으매 그것이 그에게 의로 여겨진 바 되었느니라"라고 말씀합니다. 이 말씀은 의롭게 됨이 결코 자기의 공로가 아니요 은혜로 말미암는 것이라는 사실을 말합니다. 이어 4장 6-7절은 "다윗이 말한바 불법이 사함을 받고 죄가 가리어짐을 받는 사람들은 복이 있고 주께서 그 죄를 인정하지 아니하실 사람은 복이 있도다"라고 말씀합니다. 이 말씀은 구약 전체의 구속사 흐름을 들어서 3장 21-22절에서 말씀한, 그리스도를 믿는 자에게 미치는 복음의 의를 확정적으로 제시합니다.

이제 5장으로 갑니다. 1절에서 "그러므로 우리가 믿음으로 의롭다 하심을 받았으니 우리 주 예수 그리스도로 말미암아 하나님과 화평을 누리자"라는 말씀은 결론입니다. 5장 1절은 3장 21-22절과 바로 맞물립니다. 3장 21-22절에서는 "이제는…예수 그리스도를 믿음으로 말미암아 모든 믿는 자에게 미치는 하나님의 의니 차별이 없느니라"라고 말하고, 5장 1절에서는 "그러므로 우리가 믿음으로 의롭다 하심을 받았으니 예수 그리스도로 말미암아 하나님과 화평을 누리자"라고 말합니다. 이 말씀들은 이신칭의로 나타난 첫 결과이자 효과이자 은택인 하나님과의 평강을 제시합니다. 그 사이에 이신칭의가 옳은 이유에 대한 논증이 나오고(롬 3:23-31), 이것을 구약성경이 이미 말했다며 예언 성취의 예가 나옵니다(롬 4장). 그리고 이 모든 일의 근거가 "하나님의 사랑"이라고 5장 8절에서 말씀합니다. "우리가 아직 죄인 되었을 때에 그리스도께서 우리를 위하여 죽으심으로 하나님께서 우리에 대한 자기의 사랑을 확증하셨느니라." 5장 1절과 8절은 우리가 참회의 기도를 하고 나서 사죄를 선언할 때 즐겨 읽는 말씀입니다.

5장 12절부터는 유비가 등장합니다. 위와 같은 설명을 한 다음에 아담과 그리스도의 유비를 사용하여 죄의 보편 원리와 그리스도 안에서 구속받는 보편 원리를 대비합니다. 이 대비를 통해 우리의 죄의 양상이 확실한 만큼이나 그리스도 안에 있는 우리의 구원의 은혜가 확실함을 확증합니다. 이것은 우리를 위한 설명입니다. "그러므로 한 사람으로 말미암아 죄가 세상에 들어오고 죄로 말미암아 사망이 들어왔나니 이와 같이 모든 사람이 죄를 지었으므로 사망이 모든 사람에게 이르렀느니라"(롬 5:12). 얼마나 분명한 말씀입니까? 그러나 아무도 부인하지 못할 정도로 죄의 양상이 분명한 만큼 그리스도 안에서 구원받는 은혜 역시 확실하다고 말합니다. "그런즉 한 범죄로 많은 사람이 정죄에 이른 것 같이 한 의로운 행위로 말미암아 많은 사람이 의롭다 하심을 받아 생명에 이르렀느니라"(롬 5:18). 그러니 자신이 정말로 죄를 용서받았는지 흔들리지 말라는 말씀입니다. 이 유비는 우리의 연약한 믿음을 보강하고, 구원의 확신을 이신칭의의 유익으로 제시합니다.

이렇게 믿음으로 의롭다 함을 받은 사람들은 하나님과 평강을 누리고 구원의 기쁨을 확실하게 누립니다. 6장은 그 은혜를 받았으니 우리가 이제 어떻게 살아야 하는가에 대해, 거룩함으로 살아가는 은혜의 효과를 설명합니다.

"우리가 알거니와 우리의 옛 사람이 예수와 함께 십자가에 못 박힌 것은 죄의 몸이 죽어 다시는 우리가 죄에게 종 노릇 하지 아니하려 함이니…또한 너희 지체를 불의의 무기로 죄에게 내주지 말고 오직 너희 자신을 죽은 자 가운데서 다시 살아난 자같이 하나님께 드리며 너희 지체를 의의 무기로 하나님께 드리라"(롬 6:6, 13).

이렇게 거룩한 의의 백성으로 사는 것이 마땅한 자, 즉 값없는 은혜의 구원을 받은 자의 도리를 우리에게 설명해 줍니다. 이 설명을 잘 이해하도록 6장 16-20절에서는 주인과 종의 비유를 듭니다. 이것은 정말 아름다우면서도 아주 쉬운 비유입니다. 6장 23절에서는 "죄의 삯은 사망이요 하나님의 은사는 그리스도 예수 우리 주 안에 있는 영생이니라"라고 말함으로써 누가 우리의 주인인지 그리고 우리는 누구에게 속했는지를 제시합니다. 우리가 죄의 종인지 의의 종인지, 하나님에게 속하였는지 죄에 속하였는지, 사망에 속한 자인지 영생에 속한 자인지를 확인합니다. 우리의 신분이 죄의 종인지, 의의 종(순종의 종)인지를 생각하고 그 신분에 합당하게 행하라고 합니다. 그러니 성화는 하나님 편에서는 우리가 자기 신분에 합당한 일을 하도록 촉구하시는 은혜의 역사이며, 우리 편에서는 순종함으로써 맺는 은혜의 열매입니다. 즉, 성화는 우리가 신분에 합당하게 살도록 (우리의 믿는 바 도리의 가르침에 순종하게) 이끄시는 성령의 역사이지, 신분을 얻기 위한 수단이 아닙니다.

7장에서는 우리가 의의 종이라는 신분으로 하나님의 율법 앞에

서게 됩니다. 그런데 그 율법이 이제 우리를 정죄하지 못합니다. 이제 율법은 우리로 하여금 죄를 깨닫게 하는 방편일 뿐이기 때문입니다(롬 3:20). 여기까지 읽으면서 우리는 정죄의 율법이 무엇인지 배웠습니다. 그 정죄의 율법에도 불구하고 믿음으로 생명을 얻는 길이 있다는 사실도 알았습니다. 그 모든 일을 구약에서 어떻게 논증하는지도 다 배웠습니다. 그러니까 이제 정죄의 율법이 우리에게는 아무런 의미가 없습니다. 우리는 이제 하나님의 율법을 정죄의 율법으로 마주하지 않습니다. 우리는 하나님 앞에 새 생명을 얻은 자요, 의의 종이라는 신분으로 하나님의 율법을 다시 대면합니다. 7장 6절은 이렇게 말씀합니다. "이제는 우리가 얽매였던 것에 대하여 죽었으므로 율법에서 벗어났으니 이러므로 우리가 영의 새로운 것으로 섬길 것이요 율법 조문의 묵은 것으로 아니할지니라." 즉, 우리가 이제는 하나님이 주신 계명을 성령 안에서 새롭게 이해하여 접근하게 되었다는 것입니다. 우리는 율법의 행위를 통해서는 정죄를 받고 이미 죽은 자이지만 이제는 율법의 정죄에서 벗어났습니다. 그래서 율법에 대하여는 죽은 자가 되었습니다.

율법에 대하여 죽은 자가 되었으면 율법을 지킬 필요가 없어집니까? 아닙니다. 우리는 새로운 계명 앞에, 주 앞에 서게 됩니다. 그렇게 되었을 때 7장 7절에서 시작하는 신자의 깊은 고백이 나오는 것입니다. 그러므로 7절 이하는 철저히 중생자의 고백이지, 믿지 않는 자의 고백이 아닙니다.

"그런즉 우리가 무슨 말을 하리요 율법이 죄냐 그럴 수 없느니라 율법으로 말미암지 않고는 내가 죄를 알지 못하였으니 곧 율법이 탐내지 말라 하지 아니하였더라면 내가 탐심을 알지 못하였으리라"(롬 7:7)

율법은 우리를 다음과 같이 명확하게 일깨워줍니다. "율법이 얼마나 거룩한지 내가 알았다. 율법을 통해 탐내지 말라는 것을 알았으니 신자가 살아야 할 도리에 비추어 볼 때 탐심은 신자의 도리가 아니구나!" 그러므로 7절은 율법의 제3의 용도를 성도에게 뚜렷이 제시하는 것입니다. 그런데 이 말씀에 이어서 깊은 탄식이 나옵니다.

"우리가 율법은 신령한 줄 알거니와 나는 육신에 속하여 죄 아래에 팔렸도다⋯내 속사람으로는 하나님의 법을 즐거워하되 내 지체 속에서 한 다른 법이 내 마음의 법과 싸워 내 지체 속에 있는 죄의 법으로 나를 사로잡는 것을 보는도다 오호라 나는 곤고한 사람이로다 이 사망의 몸에서 누가 나를 건져내랴"(롬 7:14, 22-24).

이 탄식은 육체의 흔적 가운데 있는 거룩한 성도의 신앙 실존적 탄식입니다. 이것은 중생자가 아니면 절대로 할 수 없는 탄식입니다. 중생자는 자기가 하나님의 은혜와 그리스도의 복음의 능력이 없으면 절망에 속한 자임을 깊이 압니다. 자기 안에 남아 있는 육신의 흔적, 곧 죄의 흔적 때문에 그것을 압니다. 그러나 거기서 멈추는 것이 아닙니다. 이제 25절에서는 이렇게 고백합니다.

"우리 주 예수 그리스도로 말미암아 하나님께 감사하리로다 그런즉 내 자신이 마음으로는 하나님의 법을 육신으로는 죄의 법을 섬기노라"(롬 7:25).

영육 간의 갈등이 신자에게 영적으로 또는 실존적으로 있지만, 그럼에도 우리에게 인생은 오직 감사로 사는 인생이라고 고백합니다. 예수 그리스도로 말미암아 우리는 그러한 인생을 살아갑니다. 이것이 이신칭의의 복음이 주는 놀라운 능력입니다. 이신칭의의 복음을 깨 버리면 아무도 주 앞에 설 수 없습니다. 성화는 우리의 신분의 변화로 인해서 나타나는 하나님의 은혜의 역사라고 했습니다. 거룩하신 하나님이 은총을 부으심은, 믿음으로 우리를 의롭게 하시는 하나님의 은총을 통해서 이루어지는 것입니다. 이 두 은총은 불가분이요, 필연적 연결입니다. 믿음으로 의롭게 되는 기초 위에서, 예수 그리스도를 믿게끔 중생케 하는 성령께서 우리를 거룩하게 부르시는 것이지, 중생의 역사 없이 우리를 거룩하게 하셔서 우리가 자격을 갖춘 후에 비로소 하나님의 의의 종이라는 신분을 획득하게 하는 것이 아닙니다. 그것은 역류입니다. 로마서는 성령 하나님의 이 두 은총이 어떠한 흐름을 따라 우리에게 역사하는지, 우리의 신앙 인식으로 순서가 어떻게 되는지, 또 거룩한 열매에 대한 요청 앞에서 우리가 신앙 내면에 어떠한 인식이 있어야 그것을 이룰 수 있는 것인지를 뚜렷이 보여줍니다.

이제 8장으로 갑니다. "그러므로 이제 그리스도 예수 안에 있는 자에게는 결코 정죄함이 없나니"(1절). 1절에서는 믿음으로 의롭다 함을 얻는 귀한 복음을 다시 확인합니다. 그리고 2절로 갑니다. "이는 그리스도 예수 안에 있는 생명의 성령의 법이 죄와 사망의 법에서 너를 해방하였음이라"(2절). 죄와 사망의 법에서 해방되는 것은 그리스도로 말미암는 은혜의 역사입니다. "육신을 따르지 않고 그 영을 따라 행하는 우리에게 율법의 요구가 이루어지게 하려 하심이니라"(4절). 4절은 성령 하나님의 능력의 역사로 인하여 우리에게 주어지는 놀라운 결과를 말합니다. 곧 성령 하나님의 은혜로 인하여 그리스도를 믿으며 그 영을 따라 행하는 신자에게는 율법의 요구가 이루어지는 결과가 나타남을 말씀합니다. 그것은 우리로서는 도무지 할 수 없는 율법의 요구를 그리스도를 믿는 믿음으로 인하여 그리스도께서 이루신 율법의 요구를 우리가 받게 되었음을 교훈합니다. 다시 말해서 성령 하나님의 은혜로 그리스도를 믿으며 영을 따라 행하는 신자는 율법의 요구를 성취한 자로 간주되는 은혜를 입었음을 말씀합니다.

8장에는 성도인 우리에게 중요한 구절이 가득 차 있습니다. 16절에서는 "성령이 친히 우리의 영과 더불어 우리가 하나님의 자녀인 것을 증언하시나니"라고 말합니다. 그러하기에 우리가 이 땅에서 나그네 인생길을 가는 동안에 믿음으로 우리가 찾고 구하고 목적하는 바가 무엇인지, 바랄 소망이 무엇인지를 8장 18절에서 제시합니다. 인생의 궁극적 방향성을 정립하고, 가치관의 근원적 변화를 요구합니다.

"생각하건대 현재의 고난은 장차 우리에게 나타날 영광과 비교할 수 없도다…우리가 소망으로 구원을 얻었으매 보이는 소망이 소망이 아니니 보는 것을 누가 바라리요…이와 같이 성령도 우리의 연약함을 도우시나니 우리는 마땅히 기도할 바를 알지 못하나 오직 성령이 말할 수 없는 탄식으로 우리를 위하여 친히 간구하시느니라"(롬 8:18, 24, 26).

우리는 절대로 고아처럼 혼자 버려져 있지 않습니다. 예수님은 승천 직전에 우리에게 "너희를 고아처럼 버려 두지 아니할 것이라"라고 약속하셨습니다. 예수님은 그 약속을 어떻게 이루셨습니까? 또 다른 보혜사 성령, 곧 그리스도의 영을 우리에게 보내셨습니다. 그분은 우리와 늘 함께하고 계십니다. 그러므로 보이는 것이 소망이 아니며 진정으로 소망할 것이 무엇인지를 바라보게 하심으로, 우리의 시각을 조정하고 교정해주십니다.

"우리가 알거니와 하나님을 사랑하는 자 곧 그의 뜻대로 부르심을 입은 자들에게는 모든 것이 합력하여 선을 이루느니라 하나님이 미리 아신 자들을 또한 그 아들의 형상을 본받게 하기 위하여 미리 정하셨으니 이는 그로 많은 형제 중에서 맏아들이 되게 하려 하심이니라 또 미리 정하신 그들을 또한 부르시고 부르신 그들을 또한 의롭다 하시고 의롭다 하신 그들을 또한 영화롭게 하셨느니라"(롬 8:28-30).

이 부분에서 그 아름다운 구원의 은택의 사슬, 구원의 영적인 은택의 사슬이 나옵니다. 그것은 하나님의 형상, 그 아들의 형상을 이루기 위하여 이어지는 아름다운 구원의 영적인 사슬입니다. 이러한 사랑을 받은 사람을 세상이 감당하겠습니까? 그것이 8장 31절부터 이어지는 내용이고, 37절에서는 이렇게 선언합니다. "그러나 이 모든 일에 우리를 사랑하시는 이로 말미암아 우리가 넉넉히 이기느니라." 하나님의 사랑이 우리를 붙들고 있기 때문에 그리스도의 믿음을 세상이 어찌하지 못한다는 말입니다. 여기까지가 교회를 향한 복음의 말씀의 요약입니다.

9장부터는 변증적 질문입니다. 그렇다면, 이 말씀들이 진리라면, 이스라엘은 무엇이냐는 질문이 나오지 않겠습니까? 이에 대해 9장부터 이스라엘은 불신앙했다고 설명합니다. 9장은 "이스라엘이 불순종해서 멸망에 이르게 되었지만, 그렇다고 해서 하나님이 자기 약속을 어그러트리신 것은 아니다."라고 말합니다. 6절 이하는 "이스라엘에게서 난 그들이 다 이스라엘이 아니기 때문에 그렇다."라고 설명하고, 하나님이 집단적 이스라엘에 대해서 언약을 폐하신 것처럼 보일지 모르지만 결코 그렇지 않다고 말합니다. 하나님이 개별적 선택 속에서 그분의 이스라엘을 불러 모으시기 때문입니다.

9장에서는 하나님이 처음부터 영원한 작정 가운데 모으신 참 이스라엘이 누구인가에 대해 질문을 제기하여, 구속사 속에서 집단적 이스라엘의 문제를 해결하기 시작합니다. 이 구약의 이스라엘은 민족적, 집단적으로는 구원의 길에서 먼 자가 되었지만, 하나님은 아담 이후에 택정하신 그분의 백성을 모두 일일이 구원해 내셨으며, 그러므로 예정적 선택에 의해서 이스라엘 중 하나도 버린 바 된 사람이 없으며, 그들에 관한 하나님의 약속 역시 하나도 취소된 바가 없다는 사실을 논증합니다. 이렇게 예정론적 논증이 나오기 시작합니다. 이 놀랍고 치밀한 말씀이 아브라함의 씨가 다 아브라함의 자녀가 아니며 오직 이삭에게서 난 자만 아브라함의 씨라 불린다는 것, 또 이삭의 자식 가운데도 야곱과 에서가 있지만 하나님이 주권적 역사하심으로 어떻게 약속을 성취하시는지를 논증합니다.

10장으로 넘어가면 하나님의 의를 거부한 이스라엘의 미련하고 잘못된 종교적 열심을 지적합니다. 그리고 10장 9절부터는 "누구든지 주의 이름을 부르는 자는 구원을 받으리라"는 요엘 선지자의 말씀과 "믿지 아니하는 이를 어찌 부르리요 듣지도 못한 이를 어찌 믿으리요 전파하는 자가 없이 어찌 들으리요"라는 이사야 선지자의 말씀을 인용하여 복음의 보편적 전파의 중요성과 이방인을 불러내신 하나님의 구속사를 제시합니다.

11장은, 그렇다고 해서 이스라엘 백성이 모두 멸망한 것은 아니라고 다시 이야기합니다. 9장과 연결되는 것이죠. 앞서 9장에서 설명한 대로 11장에서도 마침내 온 이스라엘이 하나님 앞에 서게 될 것이라고 말하며, 하나님이 택정하신 이스라엘은 다 주 앞에 서게 된다고 말씀합니다. 그 가운데 이 역사를 위하여 이방인이 구원을 받도록 하나님이 구원 역사를 어떻게 움직여 가셨는지를 살펴봅니다.

그 구원 역사를 보면 약속받은 자인 유대인의 불순종이 신비롭게도 이방인을 힘나게 했으나, 즉 이스라엘의 실족이 이방인을 풍성하고 충족하게 했으나 하나님은 훗날 이스라엘 백성 가운데 '남은 자'를 불러내실 것이라고 말씀하십니다. 그리하여 11장 26-27절에서는 이사야서 59장과 27장을 인용하여 논증하면서 "그리하여 온 이스라엘이 구원을 받으리라"라고 말합니다. 로마서 11장 29절은 "하나님 은사와 부르심에는 후회하심이 없느니라"라는 말로 하나님의 구원 역사의 신실성을 드러냅니다. 이건 굉장한 공부가 필요한 깨달음입니다. 이 놀랍고 어마어마하고 장엄한 산맥의 큰 흐름을 보고 나서, 12장으로 가면 다시 태평양 같은 부드러움을 접하게 됩니다. 큰 역동적인 줄기가 죽죽 뻗어 나가다가 다시 이제 평원으로 돌아오는 겁니다.

12장부터는 그러면 우리가 어떻게 살아야 하는가에 대한 문제를 다룹니다. 12장 1-21절은 거룩한 산 제사를 드리고 영적 예배를 드리라고 말하면서, 13-15장에 걸쳐서 성도의 삶의 실제 부분을 개인 간 관계, 교회 안에서의 관계, 사회적 관계, 국가와의 관계, 믿음이 약한 자와 강한 자의 관계 등 모든 면에서 다 설명합니다. 15장에서는 마침내 예수 그리스도께서 어떻게 하셨는지까지 드러냅니다.

그리고 15장 14절부터는 맺는말입니다. 바울이 이 글을 기록한 목적이 15장 15절에 나옵니다. "내가 너희로 다시 생각나게 하려고 하나님께서 내게 주신 은혜로 말미암아 더욱 담대히 대략 너희에게 썼노니." 이어서 16절에서는, 그리스도 예수의 일꾼이 되어 이방인을 위한 하나님의 복음의 제사장 직분을 감당하고, 이방인을 제물로 드려 성령 안에서 거룩하게 하는 것이 자신의 사역이라고 소개합니다.

그러고 나서 바울은 로마에 방문하고자 한 자신의 계획을 22절에서 설명하고, 16장으로 가서 로마에 있는 성도들에게 일일이 인사말을 전합니다. "브리스가와 아굴라에게 문안하라"(3절), "에배네도에게 문안하라"(5절)와 같은 형식으로 이름이 줄줄이 나옵니다. 이 이름 가운데는 직분자도 있고, 여러 신분, 여러 계층의 사람이 있습니다. 바울 사도는 가보지도 않은 로마 교회의 교우들의 이름을 어떻게 다 알았을까요? 서로 편지를 주고받으며 얼마나 영적인 교통을 나누었는지 짐작할 수 있습니다. 당시에는 전화도 없었고, 그곳은 배를 타고 가야 되는 먼 길이었습니다. 그 먼 로마에 교회가 세워졌다는 소식을 듣고 연락하고, 수많은 인편을 통해 전하고 전하면서 그곳에 있는 사람들의 이름을 다 알게 되었습니다. 로마서 맨 끝에는 바울뿐 아니라 바울과 함께한 동역자들도 이들에게 인사를 합니다. 그 당시 교회는 공간적으로 멀리 떨어져 있었고 오늘날에 비하면 교통과 통신 수단도 형편없었지만, 이 구절들을 통해 복음 안에서 성도의 하나됨과 교통이 얼마나 뜨겁고 분명했는지를 볼 수 있습니다.

로마서는 하나님의 영광에 대한 찬송으로 끝납니다.

"나의 복음과 예수 그리스도를 전파함은 영세 전부터 감추어졌다가 이제는 나타내신 바 되었으며 영원하신 하나님의 명을 따라 선지자들의 글로 말미암아 모든 민족이 믿어 순종하게 하시려고 알게 하신 바 그 신비의 계시를 따라 된 것이니 이 복음으로 너희를 능히 견고하게 하실 지혜로우신 하나님께 예수 그리스도로 말미암아 영광이 세세무궁하도록 있을지어

다 아멘"(롬 16:25-27).

바울 자신이 가보지도 않은 교회에게 쓴 이 서신에 담긴 성도의
교통과 복음의 내용은, 가보지 않은 한국 교회를 향한 하나님의 서신
입니다. 하나님은 이 서신을 우리 교회에 전해주십니다. 시간과 공간
을 초월하여 예수 그리스도의 모든 보편 교회가 어디에 서 있어야 하
는지를 말해주는 귀하고 귀한 복음의 정수가 담겨 있는 책이 이 로마
서입니다.

여러분에게 있는 그리스도의 복음의 신앙으로 여러분이 지금 잠
깐 로마서 전체의 흐름을 살피면서 "아멘!"이라고 한다면, 걸리는 것
이 없이 "그렇습니다."라고 할 수 있다면 여러분은 복음을 바르게 배
우고 있는 중이라 볼 수 있습니다. 근데 만일 "아니야!" 하는 생각이
들었다면, 성경을 통해 자신의 신앙에서 잘못된 부분을 교정하고 빈
부분은 채우는 은혜가 여러분에게 있어야 할 것입니다.

2. 하나님의 부르심

예수 그리스도의 종 바울은 사도로 부르심을 받아 하나님의 복음을 위하여 택정함을 입었으니, 이 복음은 하나님이 선지자들을 통하여 그의 아들에 관하여 성경에 미리 약속하신 것이라. 그의 아들에 관하여 말하면 육신으로는 다윗의 혈통에서 나셨고 성결의 영으로는 죽은 자들 가운데서 부활하사 능력으로 하나님의 아들로 선포되셨으니 곧 우리 주 예수 그리스도시니라. 그로 말미암아 우리가 은혜와 사도의 직분을 받아 그의 이름을 위하여 모든 이방인 중에서 믿어 순종하게 하나니, 너희도 그들 중에서 예수 그리스도의 것으로 부르심을 받은 자니라. 로마에서 하나님의 사랑하심을 받고 성도로 부르심을 받은 모든 자에게 하나님 우리 아버지와 주 예수 그리스도로부터 은혜와 평강이 있기를 원하노라. 로마서 1:1-7

본문의 내용은 이렇습니다. 1절에는 "예수 그리스도의 종 바울"에서 이 서신을 쓴 사람이 누구인지 나오고, 7절에는 "로마에서 하나님의 사랑하심을 받고 성도로 부르심을 받은 모든 자에게"에서 이 서신을 받는 이가 누구인지 나옵니다. 그 사이에 있는 2-6절은 무엇을 쓰고 있는지에 대한 내용으로, 바로 복음의 요약이 나옵니다. 그런데 사실 이 복음의 요약은 사도 바울이 맡은 일과 연결되는 내용입니다. 특히 2-4절은 복음에 대한 요약이 나와 있고, 5절은 그 복음과 보내는 사람인 자신이 어떤 관계인지, 6절은 그 복음과 수신자가 어떤 관계인지를 드러냅니다. 즉 1절은 보내는 사람, 2-4절은 복음에 대한 요약, 5절은 그 복음과 보내는 사람인 자신의 관계, 6절은 그 복음과 받는 사람의 관계, 7절은 받는 사람에 대한 명시와 축복의 선언으로, 이 본문은 구조가 잘 잡혀 있는 서론입니다.

사도 바울의 자기 소개

"예수 그리스도의 종 바울은 사도로 부르심을 받아 하나님의 복음을 위하여 택정함을 입었으니"(1절).

1절은 바울에 관한 소개로 세 가지 내용이 나옵니다. 첫 번째는 그가 예수 그리스도의 종이라는 것, 두 번째는 사도로 부르심을 받았다는 것, 세 번째는 하나님의 복음을 위하여 택정함을 입었다는 것입니다. 이 세 가지 내용이 짧은 문장 속에 압축되어 있습니다.

"예수 그리스도의 종 바울은"이라는 부분은 바울이 사역과 관련하여 자신이 예수 그리스도께 매인 바 되었음을 말합니다. 그것을 '종'이라 표현하면서 자신이 임의로 사는 게 아니고 오직 그리스도의 주권적인 뜻에 따라 맡겨진 사역을 감당하는 자임을 명시합니다. 바울이 자신을 예수 그리스도의 종이라고 말하면서 자신이 주인이나 주권자나 독립된 개체가 아니라고 말하는 것입니다. 그러면 예수 그리스도의 종이 되었다는 것은 어떤 의미입니까?

그 종으로서의 내용은 사도로 부르심을 받았다는 것입니다. 즉 예수 그리스도의 사도로 세워졌다는 것은 그 사도가 독립적 권세를 갖고 있지 않고 오직 그리스도의 뜻을 성취하기 위하여 부름을 받았다는 것을 뜻합니다. 결국 그리스도의 권세에 순종하는 만큼 사도가 되는 것입니다. 그리스도의 명령과 뜻에 순종하는 만큼 사도적 권세가 생기는 것이지, 사도로 부름을 받았다는 말로 인하여 독립적으로 사도의 권한을 갖는다는 것이 아닙니다. 그러니까 참된 사도인가, 거짓된 사도인가를 분별하는 일은 그리스도의 교훈에 얼마만큼 진실된지를 살펴보면 알 수 있고, 이는 역설적으로 "사도의 가르침이 그리스도의 내용을 철저히 따르는가"로 그 사람의 사도성이 드러난다고볼 수 있습니다.

그래서 어떤 사람이 아무리 자기를 사도라고 주장해도 그가 그리스도의 교훈에 어긋나면 거짓 사도가 되는 것입니다. 사도적 전통은 그리스도의 교훈에 대한 진실한 전달이고, 따라서 "신약 교회가 사도들의 터 위에 서 있다."라는 말은 교회가 그리스도의 전적인 가르침을 계승해 전하는 역할을 한다는 뜻입니다. 오직 예수 그리스도만이 교회의 토대가 되십니다. 사도는 그 위에서 그리스도의 교훈을 받아 전하도록 쓰임을 받는 종에 불과합니다.

사도 바울은 자신을 소개하며 세 번째로 "하나님의 복음을 위하여 택정함을 입었다."고 말합니다. '택정함'은 하나님의 복음을 위해 특별히 따로 세움을 받았다는 뜻입니다. 결국 "사도는 무엇을 위한 사람인가?"라는 질문에 복음을 위하여 따로 분리된 사람이라고 답할 수 있습니다. 그러므로 예수 그리스도의 종이라는 것, 사도로 부르심을 받은 것, 하나님의 복음을 위해 택정함을 입은 것, 이 세 가지는 전부 연결되어 있습니다. 바울이 자신을 소개하는 1절을 풀어서 말하면 다음과 같습니다. "나는 그리스도와의 관계 속에서 종에 불과한 자이다. 그리고 그 종 됨은 사도의 부르심을 통해 드러난다. 그러면 사도는 무엇을 위한 사람인가? 하나님의 복음을 위해 따로 분리된 사람이다. 그것이 바로 나 바울이다."

복음의 특징

"이 복음은 하나님이 선지자들을 통하여 그의 아들에 관하여 성경에 미리
약속하신 것이라 그의 아들에 관하여 말하면 육신으로는 다윗의 혈통에
서 나셨고 성결의 영으로는 죽은 자들 가운데서 부활하사 능력으로 하나
님의 아들로 선포되셨으니 곧 우리 주 예수 그리스도시니라"(2-4절).

이어서 "그렇다면 복음은 무엇인가?"에 대한 내용이 2-4절에 나
옵니다. 앞서 바울이 자신을 예수 그리스도의 종이자 사도로 부르심
을 받은 자라고 하면서 그 모든 것이 하나님의 복음을 위한 것이라고
했기에, 그 복음이 무엇인지, 복음의 특징에 대해 설명하는 것입니다.
2절에 나와 있는 복음의 첫 번째 특징은 구약의 율법과 선지자를
통하여 이미 증거된 것이라는 사실입니다. 복음은 예수 그리스도께
서 이 땅에 오시고 사도들의 증언을 통해 비로소 알려진 것이 아니라
이미 구약성경 전체를 통해 증거되었던 것입니다. 누가복음 24장 44
절에서도 예수님은 이렇게 말씀하십니다.

"또 이르시되 내가 너희와 함께 있을 때에 너희에게 말한 바 곧 모세의 율
법과 선지자의 글과 시편에 나를 가리켜 기록된 모든 것이 이루어져야 하

리라 한 말이 이것이라."

이는 구약성경 전체의 중심이요, 핵심이 그리스도 자신임을 예수님이 친히 말씀하신 것입니다. 로마서 3장 21절을 보겠습니다.

"이제는 율법 외에 하나님의 한 의가 나타났으니 율법과 선지자들에게 증거를 받은 것이라."

율법 외에 나타난 하나님의 한 의는 예수 그리스도의 의를 가리키고 그 예수 그리스도의 의가 율법과 선지자들에게 증거를 받은 것이라고 했으니, 이 말씀은 결국 본문 2절의 "하나님이 선지자들을 통하여 그의 아들에 관하여 성경에 미리 약속하신 것이라"라는 말씀과 동일한 내용을 말하는 것입니다. 복음은 구약을 통해 증거 받은 것이니 복음의 풍성한 영적인 부요함은 구약을 통해 설명해 나가야 합니다. 사실 구약의 모든 내용은 그림자이고 예수 그리스도가 실체라 하였으니, 실체가 오신 후에 그림자의 모든 설명이 무슨 의미가 있겠습니까? 그림자로만 보았던 어떤 아름다운 여인을 실제로 보았다고 가정해봅시다. 커튼에 비친 그림자만 보다가 커튼이 걷히고 실체의 모습이 드러나면 그림자는 다 필요가 없지 않습니까? 그림자는 흑백이고 외적인 형체만 드러낼 뿐 추상적인 것입니다. 하지만 실체가 드러나면 그것은 컬러로 세밀하게 다 보는 것입니다.

그래서 어떤 사람들은 "그리스도께서 이 땅에 오신 다음에 구약은 의미가 없으니 우리는 마태복음부터 계시록까지만 읽어도 충분하지 않을까?"라고 생각하는데 그렇지 않습니다. 예수 그리스도의 복음은 구약 전체를 통해 그 깊이와 부요함이 드러납니다. 다시 말해, 그리스도께서 누구시고 무슨 일을 하셨으며 왜 그분이 오셔야 했는지에 대한 압도적인 증거가 드러나고, 실체가 되시는 그리스도께서 오신 의미가 풍성하게 드러납니다. 구약이 없는 신약의 해설은 빈약합니다. 구약을 통해 신약의 해설이 이루어지는 것입니다. 마태복음, 마가복음, 누가복음, 요한복음 속에 구약성경의 구절을 인용한 것이 얼마나 많습니까. 예수님이 친히 구약을 인용하여 말씀하시고, 로마서부터 이어지는 모든 서신서도 구약을 통해 그 말씀의 의미를 풀어주고, 사도행전의 사도들도 구약을 통해 증거하면서 복음을 전합니다. 끊임없이 구약을 통해서 신약의 복음의 부요함이 나타나는 것입니다. 요한계시록도 마찬가지입니다.

구약은 그리스도를 가리키는 그림자이지만 메시아 사역이 무엇인지에 대한 풍요로운 증거를 압도적으로 보여줍니다. 이유는 딱 한 가지입니다. 우리의 복음이 하나님이 지으신 역사 속에 이미 약속되어 있고 구원 역사의 흐름 속에서 이루어졌기 때문입니다. 이 복음은 철학이 아닙니다. 복음이 철학이자 논리라면 최종적인 논리 하나로 앞의 논증의 과정이 무시될 수 있을 것입니다. 그러나 구약 전체의 내용이 역사 속에서 복음을 향하여 다양한 빛으로 쭉 비춥니다. 그리스도의 찬란한 빛을 향하는데 그 빛 속에 담겨 있는 영적 부요함은 복음의 풍성한 내용을 드러냅니다.

복음의 두 번째 특징을 보겠습니다. 복음은 하나님의 아들에 관한 약속이라는 사실입니다. 2절을 읽으면서 이런 질문들이 나올 수 있습니다. "아니, 복음이 구약에 예언된 것인데 그 예언의 내용이 하나님의 아들에 관한 것이라고? 하나님의 아들이란 도대체 무슨 뜻이지? 하나님의 아들이 어떻게 우리 주 예수 그리스도, 메시아가 된단 말인가? 구약에서 약속했던 메시아가 곧 하나님의 아들이라고?, 구약에 약속된 메시아가 하나님의 아들이면 그 신분과 메시아 사역은 어떻게 되는 것인가?" 이 질문들에 대한 대답을 3-4절에서 해줍니다.

그래서 3절에 "그의 아들에 관하여"라고 말합니다. 하나님의 아들이 누구이며 그분이 무엇을 하시는지를 아는 것이 바로 예수 그리스도의 복음이기 때문입니다. 3절은 이렇게 말합니다. "그의 아들에 관하여 말하면 육신으로는 다윗의 혈통에서 나셨고." 여기서 그리스도께서 육신으로 오셨다는 사실을 단언하는데 이는 예수님이 사람이 되셨다는 것입니다. 이는 요한복음 1장 14절과 같은 말입니다.

"말씀이 육신이 되어 우리 가운데 거하시매 우리가 그의 영광을 보니 아버지의 독생자의 영광이요 은혜와 진리가 충만하더라."

말씀이 육신이 되어 우리 가운데 거하셨다는 사실은 하나님의 아들에 대한 중요한 내용입니다. 요한일서 4장 1-3절에는 예수 그리스도께서 사람으로 오셨다는 사실을 부정하는 영은 하나님께 속한 자가 아니라 적그리스도의 영이라고 했습니다. 즉 진리 가운데 있는 자인지, 마귀에 속한 자인지 구분하는 시금석 중 하나가 하나님의 아들이 육체 가운데에 오셨다는 사실에 대한 고백인 것입니다. 그분이 참 사람이라는 고백 자체가 복음을 이해하는 데 핵심적이고 결정적인 기준이 됩니다.

계속해서 3절을 보면, 예수님이 다윗의 혈통에서 나셨다고 말합니다. '다윗의 씨에서'라는 말을 '혈통'으로 의역한 것입니다. 이는 단순히 어떤 사람의 후손이라는 사실을 뜻하는 것이 아니라 "앞의 구원 역사 속에서 약속하신 바로 그분이다."라는 사실과 연결되는 것입니다. 구약성경 전체에서 "메시아가 누구신가?"라고 물을 때 그 답은 '다윗의 후손'이었습니다. 결국 신명기 18장의 "모세와 같은 한 선지자를 너희 가운데 세울 것이라"는 말씀처럼 선지자에 대한 기다림이 세월이 흐르면서 다윗의 씨로 오실 분으로 구체화된 것입니다. 즉 영원한 다윗의 나라를 세우실 바로 그분, 몰락한 다윗의 나라를 다시 세우실 그분이 오셨다고 하는 것은 예언과 성취의 관계입니다. 사도행전 13장 21-24절을 보겠습니다.

"그 후에 그들이 왕을 구하거늘 하나님이 베냐민 지파 사람 기스의 아들 사울을 사십 년간 주셨다가 폐하시고 다윗을 왕으로 세우시고 증언하여 이르시되 내가 이새의 아들 다윗을 만나니 내 마음에 맞는 사람이라 내 뜻을 다 이루리라 하시더니 하나님이 약속하신 대로 이 사람의 후손에서 이스라엘을 위하여 구주를 세우셨으니 곧 예수라 그가 오시기에 앞서 요한이 먼저 회개의 세례를 이스라엘 모든 백성에게 전파하니라."

지금 바울은 예수 그리스도께서 구약에서 예언한 메시아라는 사실을 성경을 통해 논증합니다. 이 논증이 사무엘부터 사사 시대를 거쳐 내려오는 모든 내용을 요약하면서 다윗의 언약을 우리에게 상기시킵니다. 사도행전 13장 17-20절을 보겠습니다.

"이 이스라엘 백성의 하나님이 우리 조상들을 택하시고 애굽 땅에서 나그네 된 그 백성을 높여 권능으로 인도하여 내사 광야에서 약 사십 년간 그들의 소행을 참으시고 가나안 땅 일곱 족속을 멸하사 그 땅을 기업으로 주시기까지 약 사백오십 년간이라 그 후에 선지자 사무엘 때까지 사사를 주셨더니."

하나님은 다윗 왕을 세우시고 그를 자기 마음에 맞는 사람이라고 말씀하시고 그의 후손에서 구주를 세우겠다고 약속하셨습니다. 하나님이 언제 약속하셨나요? 사무엘하 7장에서 약속하셨습니다. 따라서 이 말씀은 "내가 너의 씨에서 한 왕을 세우리니 그 왕국은 영원할 것이니라"라고 말씀했던 사무엘하 7장의 그 유명한 다윗과의 언약을 상기시키시는 것이에요. 그러므로 이미 이스라엘을 인도할 참된 선지자요, 하나님과 이스라엘 백성들 사이에 중보자요, 왕권을 세우는 왕으로는 왕이요, 제사장이요, 선지자직을 감당할 참된 중보직에 오실 그분을 약속해주셨는데 그게 바로 다윗의 후손이라 이것이에요.

즉, 사도 바울이 설교 속에서 로마서 1장 3-4절에 나온 내용을 그대로 들어서 설명해주고 있는 것이에요. 이것이 바로 복음입니다. 디모데후서 2장 8절에서 사도 바울이 "내가 전한 복음대로 다윗의 씨로 죽은 자 가운데서 다시 살아나신 예수 그리스도를 기억하라."라고 했어요. 그는 예수 그리스도를 가리켜서 그분이 "다윗의 씨"이고 죽은 자 가운데서 다시 사셨다고 말합니다. 또한 다윗은 자신의 부활을 미리 내다본다고 했습니다. 자신의 부활을 내다본다는 것은, 자신의 후손인 메시아의 부활로 말미암아 자신도 그의 은혜를 입어 부활할 것을 내다보며 기뻐하는 거예요. 그래서 베드로 사도는 다윗을 가리켜 선지자라고 말했지요(행 2:30-31 참조).

본문 3절에 "그의 아들에 관하여 말하면 육신으로는"을 봅시다. 예수님은 육체 가운데 오셨는데, 그 가운데 특별히 다윗의 혈통으로 오셨습니다. 이 말씀을 요약하자면, 다윗을 통해 나신 예수님이 바로 하나님이 선지자를 통해 그 아들에 관하여 성경을 통해 미리 약속하신 바로 그분, 다윗의 후손이시라는 겁니다.

그 다음에, 4절로 넘어가니까 4절을 읽어보죠.

"성결의 영으로는 죽은 자들 가운데서 부활하사 능력으로 하나님의 아들로 선포되셨으니 곧 우리 주 예수 그리스도시니라"(4절).

여기서 "성결의 영으로는"이라는 이 말은 "능력으로"와 맞물리는 말이에요. 이 "성결의 영으로는"과 "능력으로"는 연결되어 있어요. 그래서 "성결의 영"이 도대체 무엇이냐, 바로 성령을 뜻합니다. 즉, '성령 안에 있는 능력으로'라는 말이에요. 그래서 "성결의 영으로는"에 줄을 치고 "능력으로"를 연결시키세요. 이것은 떨어진 단어가 아니고 바로 붙어 나오는 단어에요. 그래서 '성령의 능력으로, 성령에 따른 능력으로'라는 말이에요. 따라서 4절은 예수님이 성령에 따라, 성령에 따른 능력으로 부활하셨다고 말합니다. 그래서 약속된 그리스도가 부활하셨다고 되어 있어요. 그분은 다윗의 혈통에서 나셨고, 그 다음에 부활하셨습니다.

그런데 "죽은 자들 가운데서"라고 했기 때문에 세 가지의 일이 벌어졌다고 미루어 짐작해볼 수 있어요. 하나는, 나셨다. 두 번째는, 죽으셨다. 세 번째는요? 바로 "부활하셨다."입니다. 그리스도께서 이 땅에 오셔서 하신 메시아적 사역의 하나하나를 언급하면서, "그분은 다윗의 혈통에서 나신 메시아다. 그가 죽으신 것이 무슨 의미를 갖는지 생각해보라. 그의 죽으심은 우리의 대속을 위한 것이다."라는 사실을 말함과 동시에 부활을 연결시켜 말합니다. 그렇다면 그리스도께서 죽은 자들 가운데서 어떻게 부활하신 건가요? 4절은 부활이 성령의 능력으로 이루어졌다고 말합니다. 성령의 능력으로 그분이 부활하셨습니다. 그리고 부활하시고 어떻게 되셨나요? 4절 후반절을 보면 그가 단순한 사람이 아니요, 하나님의 아들이심이 만방 가운데 선포되셨다고 합니다. 선포되셨다는 말은 그가 하나님의 아들이심이 만방 가운데 인정되셨다는 말입니다. 인정되셨다는 말은 본래 하나님의 아들이 아닌데 부활하니 그 결과로 하나님의 아들의 지위에 올랐다는 말이 아니에요. 왜냐하면 이미 하나님의 아들에 관한 말씀이 있었기 때문입니다. 그분은 본래 존재적으로 신성을 가진 제2위 하나님이신데, 육체 가운데 오심으로 인하여 사람들은 그분을 단순한 사람으로 알았겠지만 그분은 단순한 사람이 아니요, 그가 하신 사역과 부활로 인하여 그분이 참된 하나님께서 사람이 되신 분이시라는 놀라운 신비로움과 동시에 또한 그가 죽으시고 부활하심으로 메시아 사역을 완성하신 우리의 참된 중보자시라는 사실을 선언합니다. 그러니까 존재적 의미에서 하나님의 아들이 사람이 되셨다는 사실, 하나님의 아들이심을 선언함과 동시에, 사역적 측면에서 교회의 머리가 되시며, 하나님 우편에 앉으신 메시아시라는 사실을 선언하는 것입니다. 본질적으로는 하나님이시며, 위격적으로는 제2위이신 성자 하나님께서 사람으로 오셨고, 죽으시고 부활하심으로 인해서 중보적 사역으로 새 영을 입어 하나님 우편에 앉으셨으니, 이 분이 바로 예수 그리스도임을 선언하는 것입니다.

그래서 사실 3-4절은 아주 놀라운 본문입니다. 구약성경부터 신약의 복음서까지의 내용을 다 포함하고 있기 때문입니다. 창세기부터 복음서까지의 대표적인 내용을 그대로 담아 그것을 '복음'이라 요약해줍니다. 즉, 구속사적으로 메시아가 어떻게 오셨고 그가 하신 일이 무엇인지를 알려줍니다. 그분은 육체 가운데 오셔서 연약함 가운데 계셨고 고난 가운데 죽으셨다가 성령의 능력으로 부활하시고 영광을 취하셨습니다. 그의 신분이 하늘로부터 낮아졌고, 그분은 성육신하사 고난당하시고 죽으시고 음부에 내려가셨다가 장사 지내는 것까지 당하시는 고난의 사역을 감당하시고 다시 높아지십니다. 메시아의 놀라운 사역을 아주 간결하게 요약한 것이 3-4절입니다.

사실 3-4절은 해석에 있어 다양한 의견들이 제시되었던 본문입니다. "아들에 관하여 말하면 육신으로 나셨다"라고 했으니 그분이 인성을 가지셨다는 사실이 나타나게 됩니다. 그런데 혹자는 예수 그리스도의 신성과 인성에 대한 이해 때문에 3절의 "육신으로는"을 '인성에 따라서는'으로, 4절의 "성결의 영으로는"은 '신성에 따라서는'으로 해석합니다. 그러나 이것은 조직신학적인, 교리적인 의미의 해석을 집어넣은 것이고 전체 흐름은 그런 뜻이 아닙니다.

결과적으로 그리스도께서 이 땅에 오시면서 신성과 인성의 문제가 교리적으로 드러난 것은 사실입니다. 그러나 이 본문 자체가 양성 자체를 논하는 내용은 아닙니다. 문맥상 복음은 무엇인가를 설명하여 복음의 주체이신 예수 그리스도께서 구약에서 예언된 메시아시고 그분을 통해 복음의 구속 사역이 완성되었음을 드러내는 것이 핵심입니다.

결국 3-4절은 예수 그리스도를 신비롭게 생각하게 합니다. "본래 하나님이신 그분은 신성과 더불어 인성을 갖고 계시구나. 그런데 어떻게 인성과 신성이 한 위격 안에 있는 것인가?"라는 신학적인 의문이 생기는 것입니다. 중요한 사실은 이것입니다. 그분이 인성을 취했다고 해서 두 개의 인격이 있는 것이 아닙니다. 성자이신 한 위격께서 육체 가운데 오시면서 본래부터 영원하신 신성 외에 인성도 취하셨다는 것입니다. 그래서 제2위이신 성자 하나님이 영원한 신성과 더불어 인성도 같이 갖게 됐으니, 한 위격이 신성에 따라서는 완전하신 참 하나님이시고 인성에 따라서는 완전한 참 사람으로 계십니다. 즉, 예수 그리스도는 신성에 따라서는 하나님이요 인성에 따라서는 사람이 되십니다. 그분을 가리켜서 "하나님이면서 사람이시다."^{God-man}라고 양성을 가진 특성으로 표현하게 됩니다. 그것이 그리스도에 대한 올바른 신앙고백이 되었고 그때 로마서 1장 3-4절은 하나의 근거 구절로 사용됩니다.

그런데 "어떻게 한 위격 안에 신성과 인성이 같이 있는 것인가? 그러면 신성과 인성은 어떤 관련이 있을까?"라는 질문 앞에 개혁파와 루터파 사이에 차이가 생깁니다. 개혁파는 "한 위격이 인성을 취하여 사람의 연약함을 다 경험하시고, 신성을 취하여 그의 능력과 전능함과 전지함을 나타내시나 그가 인성에 따라 메시아 사역을 수행하는 한계 속에서 그분은 마지막 때를 모른다고 말씀하시고, 신성에 따라 메시아의 권세를 갖고 죽은 자를 살리기도 하신다."라고 설명합니다. 그러면서 신성과 인성의 직접적인 교류나 교통은 인정하지 않았습니다. 그들은 한 위격이 신성과 인성을 사용하신다고 했습니다.

그런데 루터파는 훨씬 더 밀접하게 생각합니다. "신성을 가지신 제2위이신 하나님이 인성을 갖고 계시니 그 인성이 그냥 인성일 수는 없다. 그 인성은 신성을 영원토록 가지신 위격에 붙어 있으니 인성에 놀라운 존엄과 영광이 덧입혀져 전지전능한 모습으로 영광스럽게 변한다." 이것이 그들이 설명하는 내용입니다. 그러나 그들은 다음과 같은 비판을 받습니다. "인성과 결합하신 그 일로 인해 신성이 인성의 제한을 받는다는 말인가? 신성 때문에 인성이 신성적인 전지함과 편재성과 전능성을 갖는다고 하는데, 그렇다면 반대로 인성에 의해 신성이 제한을 받는 일이 있어야 하는 것이 아닌가?"

이러한 비판을 받을 때 루터파는 본문 3절에 "그의 아들에 관하여 말하면 육신으로는 다윗의 혈통에서 나셨고"라고 나오는데, 이를 인용해 이렇게 말합니다. "그건 아니다. 인성에 의해 신성이 영향을 받지는 않는다. 그러나 신성을 취하신 신격 때문에 인성이 영광을 입는 일은 있다. 성경은 그리스도가 육신으로는 다윗의 혈통에서 나셨다고 하지 않았는가? 그러니까 인성에 따른 일은 신성과 직접적인 관계가 없다. 성경대로라면 인성 자체는 다윗의 혈통을 따라 나온 것이고, 인성이 신성에 영향을 준다는 근거가 되는 구절은 어디에도 없다. 인성을 취하신 이가 하나님의 아들이니까 인성이 영광을 입는 것이다. 그 사실 때문에 신성이 제한받는다는 성경구절은 따로 없다. 그렇기 때문에 인성이 신성에 의한 영광을 입는다는 것을 근거로, 반대로 신성이 인성에 의해 제한을 받는 것이 아니냐는 주장은 말씀에 의하여 지지되는 신학적 판단이 아니다. 말씀은 신격과 결합한 인성이 편재성과 전지성이라는 은혜를 입는다는 한 가지 사실만 말할 뿐이다."

그런데 개혁파도 성자 하나님이 신성뿐 아니라 인성을 취하셨으니 인성을 취하신 그분의 인격은 피조물인 우리와 같은 인격이 아니라서 인성이 영광을 입고 경배를 받는다는 측면은 똑같이 인정합니다. 왜냐하면 예수님이 인성 가운데 계실 때도 예배와 경배를 받으셨기 때문입니다. 어떻게 사람이 육체 가운데 있으면서 경배를 받을 수 있겠습니까? 인성은 피조물로 유한한데 말입니다. 그러나 그것을 취하신 분이 성자 하나님으로, 합당하게 받아야 할 영광이 있으므로 인성을 갖고 계셔도 예배를 받으시는 것입니다. 그러나 개혁파는 "인성이 그 제한성을 뛰어넘어 전지하거나 전능하다."고 말하지는 않았습니다. 루터파가 그 부분에서 과도한 해석을 했다며, 그에 대해 반대한 것입니다.

본문 3-4절은 교리적인 차이와 관련된 의미가 담긴 본문입니다. 그러나 본문은 예수 그리스도의 양성과 한 위격에 관한 신학적 토의와 별개로, "복음은 무엇입니까? 하나님의 아들은 어떤 분입니까?"라는 질문에 대한 답을 제시합니다. "복음은 하나님의 아들에 관한 것입니다. 그분은 다윗의 혈통으로 오신 메시아요, 죽으시고 부활하신 분이십니다." 그리고 "성령의 능력으로 부활하사 나타나심으로 우리 주 예수 그리스도가 되셨습니다."라는 말로 마무리합니다.

그래서 4절에 나오는 "우리 주 예수 그리스도"가 아주 중요합니다. 그분을 선지자직, 제사장직, 왕직을 행하는 분이라고 말하는 것입니다. 선지자로 우리에게 하나님의 뜻을 전해주시고, 제사장으로 속죄의 사역을 다 이루시고, 왕으로 우리를 말씀으로 다스리시는 분이라고 설명하면서 복음의 핵심 내용을 요약해줍니다.

사도가 해야 할 일

"그로 말미암아 우리가 은혜와 사도의 직분을 받아 그의 이름을 위하여 모든 이방인 중에서 믿어 순종하게 하나니"(5절).

5절에서 바울은 사도직을 받았다고 말하는데 이는 1절과 연결됩니다. 그는 1절에서 자신이 사도로 부르심을 받았다고 했습니다. 그러면 사도는 무엇을 하는 사람입니까? 사도는 예수 그리스도의 이름을 위하여 모든 이방인이 그분을 믿어 순종하게 하는 일을 목적으로 삼고 사는 자들입니다. 헬라어로 '믿음의 순종을 위하여'라는 말입니다. 이 말은 신학자나 주석가들도 해석의 차이를 보입니다.

믿음이 순종이라는 말과 순종이 믿음이라는 말은 다른 뜻을 갖습니다. "순종하는 행위가 믿음이다."라고 말하면 믿음과 행위의 구별이 없어져 버립니다. 반면 믿음이 곧 순종이라는 말은 다른 느낌입니다. 이는 "믿는 일이 순종하는 일입니다."라는 뜻이 됩니다. 만일 "주 예수 그리스도를 믿으라!"라는 명령이 주어지면 그 믿는 일이 순종이 되기 때문입니다. 그래서 복음에 순종한 자는 예수 그리스도를 믿는 것이 되는 것이죠. 왜냐하면 복음을 믿으라는 것은 하나님의 교훈적 의지이며 명령이기 때문입니다. 회개하고 믿으라는 것이 하나님의 명령이기 때문에 회개하고 믿는 순종을 가리켜 믿음이라 할 수 있는 것입니다.

이것은 율법적인 행위, 도덕적 의미에서의 순종과 다른 것입니다.

예수 그리스도를 믿으라는 하나님의 명령과 교훈 앞에 순종하는 것 자체가 믿음입니다. 순종은 어떤 내용과 형식을 가지고 있습니까? 예수를 믿는 것입니다. 따라서 여기서 순종과 믿음은 동격의 의미를 갖습니다. 믿어 순종하게 되었다는 우리말 성경을 잘못 이해하면 믿는 것이 먼저고 그 다음에 순종의 열매가 나온다는 의미가 됩니다. 사실이 말은 맞습니다. 왜냐하면 예수 그리스도를 믿고 순종의 열매가 나타나기 때문입니다. 물론 "믿음이 순종의 동기가 되고, 믿음이 근거이자 원인이 되어 순종이라는 열매를 낳는다."는 말은 한편으로 신분의 개념과 관련된 의롭다 함을 받는 칭의와, 다른 한편으로 상태의 변화와 관련된 성화의 관계를 말하고 있다고 생각할 여지도 있습니다. 하지만 본문 속 '믿음의 순종을 위하여'라는 말을 예수 그리스도의 이름을 믿게 하려고 이방인 가운데서 불러내신 사도의 직분에 초점을 맞춰 본다면 '믿도록 하는 것이다'라고 설명할 수 있습니다.

중요한 것은, 예수 그리스도를 믿게 하는 일이 사도의 목적이라는 사실입니다. '믿음이 근거가 되어 순종하는 데까지 이르게 하기 위하여'라고 설명할 가능성은 있습니다. 그렇지만 그리스도를 믿으라는 명령, 하나님의 교훈에 대한 순종의 내용이 바로 믿음이기 때문에, '믿음이라는 순종을 위해'라고 해석하는 것이 훨씬 더 문맥상 어울립니다.

부름받은 성도의 특징

"너희도 그들 중에서 예수 그리스도의 것으로 부르심을 받은 자니라"(6절).

6절에 "부르심을 받은 자"가 나오는데, 그 부르심의 내용은 무엇인가요? 부르심을 받은 것은 어떻게 확인할 수 있나요? 그것은 예수 그리스도를 믿어 순종하게 되는 것입니다. 그리스도를 믿으라는 부름 앞에 믿음으로 나오면, 그는 순종하는 자, 부름을 받은 성도가 됩니다. 6-7절에 나온 성도의 특징을 보겠습니다.

첫 번째는 6절에 나온 "예수 그리스도의 것"입니다. 이것은 하이델베르크 요리문답 1, 2문입니다. "사나 죽으나 나는 예수 그리스도에 속한 것으로 참된 위로를 받는다." 그리스도께 속한 자가 된 것은 모든 복음의 가장 근원적인 은택입니다. 궁극적인 우리의 행복은 예수 그리스도께 속하여 하나님의 나라와 막힘없이 투명한 교통을 누리는 것입니다. 예수 그리스도의 것이란 성도의 또 다른 정의입니다.

두 번째, 어떻게 예수 그리스도의 것이 된 것인가요? 이 일이 우리에게 어떻게 이루어진 것인가? 7절을 보니 하나님의 사랑하심을 받았다고 나옵니다. 바로 이것이 예수 그리스도의 것이 되는 근원적인 동기입니다. 이 일이 가능해진 것은 하나님의 사랑을 입었기 때문입니다. 오직 하나님의 사랑이 복음의 시작이요, 끝입니다.

세 번째, 그렇다면 성도란 무엇인가요? 성도로 부르심을 받았다는 것은 우리가 부름을 받아 성도가 되었다는 말입니다. 그러면 어떻게 부름을 받아 성도가 된 것인가요? 그것은 예수 그리스도의 속죄의 은총 때문입니다. 하나님은 우리의 신분을 변화시키고 우리를 끊임없이 거룩하게 빚어가십니다. 우리를 하나님 앞에서 거룩한 자요, 거룩한 상태로 바뀐 자인 성도로 부르십니다. 우리는 그 부름을 받아 세상으로부터 뛰쳐나오게 되고 그렇게 성도의 부르심을 받은 것이 바로 교회인 것입니다. 즉, 성도로 부름받았다는 말은 '교회가 된다'는 뜻입니다. 성도가 되고 교회가 되는 것입니다.

7절 마지막에 기원 인사가 나옵니다.

"하나님 우리 아버지와 주 예수 그리스도로부터 은혜와 평강이 있기를 원하노라"(7절).

"은혜와 평강이 있기를 원하노라"라는 이 인사는 오직 성도에게만 할 수 있는 것입니다. 불신자에게는 할 수 없습니다. 이것이 곧 그리스도의 은혜요, 하나님과의 관계가 화목해져서 누리는 은택입니다. 복음이 주는 은택의 핵심은 곧 은혜와 평강입니다. 어떻게 보면 은혜는 복음을 가능하게 하는 동력이고 평강은 우리가 복음 안에서 누리는 행복인 것입니다.

본문에서 사도 바울은 자신을 "사도로 부름받은 자다, 하나님의 복을 위하여 따로 구분된 자다, 예수 그리스도의 종에 불과하다."라고 말하면서, 자신이 누구인지와 자신이 행할 일의 목적과 특권이 무엇인지 말했습니다. 그리고 편지를 받는 자들에게 "로마에 있는 너희는 예수 그리스도의 것이요, 하나님의 사랑을 받은 자들, 바로 성도다."라고 했습니다. 또한, "내가 너희에게 편지를 쓰는 관계에서 모든 일의 가능성은 2절부터 4절 사이에 남겨 있는 복음의 요약 위에 있다."는 사실을 나타냅니다. 사실 1-7절까지의 내용을 하나씩 풀어 간다면 로마서 전체가 나오게 되어 있습니다. 즉, 1-7절은 서론이면서 로마서 전체와 연결되는 내용인 것입니다. 또한 창세기부터 계시록까지 성경 전체와도 엮어낼 수 있습니다. 여기에는 인간론, 기독론, 구원론, 교회론, 하나님이 어떤 분이신지에 대한 내용이 다 들어 있습니다.

우리는 7절에 나온 대로 "하나님의 사랑하심을 받고 성도로 부르심을 받은 자"입니다. 지금 한국에서 하나님의 사랑하심을 받고 성도로 부르심을 받은 우리도 똑같이 복음을 받았습니다. 그러므로 이 복음을 마음에 새기면서 성도의 길을 잘 감당하기를 주의 이름으로 축복합니다.

3. 바울의 소원과 기도

먼저 내가 예수 그리스도로 말미암아 너희 모든 사람에 관하여 내 하나님께 감사함은 너희 믿음이 온 세상에 전파됨이로다. 내가 그의 아들의 복음 안에서 내 심령으로 섬기는 하나님이 나의 증인이 되시거니와 항상 내 기도에 쉬지 않고 너희를 말하며 어떻게 하든지 이제 하나님의 뜻 안에서 너희에게로 나아갈 좋은 길 얻기를 구하노라. 내가 너희 보기를 간절히 원하는 것은 어떤 신령한 은사를 너희에게 나누어 주어 너희를 견고하게 하려 함이니 이는 곧 내가 너희 가운데서 너희와 나의 믿음으로 말미암아 피차 안위함을 얻으려 함이라. 형제들아 내가 여러 번 너희에게 가고자 한 것을 너희가 모르기를 원하지 아니하노니 이는 너희 중에서도 다른 이방인 중에서와 같이 열매를 맺게 하려 함이로되 지금까지 길이 막혔도다. 헬라인이나 야만인이나 지혜 있는 자나 어리석은 자에게 다 내가 빚진 자라. 그러므로 나는 할 수 있는 대로 로마에 있는 너희에게도 복음 전하기를 원하노라. 로마서 1:8-15

본문은 크게 네 부분으로 되어 있다고 볼 수 있습니다. 첫 번째 부분은 8절로 바울이 하나님께 감사하는 내용이고, 두 번째 부분은 9-10절로 바울의 기도이며, 세 번째 부분은 11-13절로 로마 교회를 방문하고자 하는 바울의 목적에 대한 설명이고, 네 번째 부분은 14-15절로 바울의 방문과 사도적 부르심의 관계를 설명하는 내용입니다. 바울은 이것으로 자신의 방문이 사도적 부르심과 관련해 의미가 있음을 확인시켜줍니다.

바울이 하나님께 감사한 이유

"먼저 내가 예수 그리스도로 말미암아 너희 모든 사람에 관하여 내 하나님께 감사함은 너희 믿음이 온 세상에 전파됨이로다"(8절).

8절에서 바울은 하나님께 감사하고 있습니다. 그는 로마에 있는 교회와 그들의 신앙에 대해 듣고 굉장히 기뻐했습니다. 그리고 그 기쁨을 인해 하나님께 감사합니다. 그 감사의 이유는 자신의 개인적 유익 때문이 아니었습니다. 그는 오직 한 가지 이유로 감사합니다. "내 하나님께 감사함은 너희 믿음이 온 세상에 전파됨이로다." 그들의 믿음이 어떻게 온 세상에 전파되었겠습니까? 온 세상은커녕 로마에 있는 사람들이라도 어떻게 이들의 믿음을 알았을까요? 그런데 본문은 "온 세상에 전파됨이로다"라고 표현합니다. 사도 바울은 왜 그런 표현을 썼을까요? 이 질문의 답과 관련해 두 가지 의견을 제시해보겠습니다. 첫 번째, 사도 바울은 대단히 허풍이 많고, 과장하는 표현을 하는 사람이기 때문이다. 두 번째, 사도 바울의 마음으로는 온 세상에 다 전한 것과 같기 때문이다. 어느 것이 옳겠습니까? 당연히 두 번째입니다. '온 세상'이라는 표현을 쓴 것은 적어도 그 당시 소아시아에 흩어져 있는 믿음의 교회들이 "로마에 성도가 있다고 하네. 로마에 교회가 있어. 예수를 부르는 사람들이 그곳에도 있다네."라는 소문을 들어 알고 있다는 사실을 드러낸 것입니다. 즉, 여러 지역에 흩어져 있는 각 교회가 서로 위로와 격려와 사랑의 소식을 주고받고 있었으며, 이러한 이유로 로마에 교회가 있다는 사실을 흩어져 있는 각 교회가 다 알고 있었습니다. 이것을 드러내고자, 사도 바울은 "온 세상에 전파됨이로다"라고 말한 것입니다.

그렇다면 바울은 로마 교회의 존재와 그 교회의 교인들이 믿음에 서 있는 것에 대해 왜 그렇게 하나님께 감사했던 것일까요?

첫 번째, 우선 믿음이 있다는 사실은 분명 하나님의 손길이 닿았다는 것을 의미하기 때문입니다. 그러니까 하나님께 감사하지 않을 수 없는 것입니다. 로마에 교회가 세워졌다는 사실로 인해 찬송과 감사를 받을 분은 당연히 하나님이신 것입니다. 왜냐하면 믿음 그 자체가 하나님이 주시는 은혜의 선물이기 때문입니다. 여러분의 심령에 믿음이 있다면, 그 믿음은 여러분이 만든 것이 아니라 하나님에게서 받은 것임을 확실히 알아야 합니다. 하나님이 여러분에게 주신 것입니다. "예수를 믿으시오. 예수를 믿어야 산다오. 당신의 죗값을 해결하는 길은 십자가에서 죄인을 위하여 죽은 예수 외에는 어디에도 없소. 예수 그리스도만이 생명이오"라고 복음을 전하며 모든 사람이 믿기를 바란다고 하는데, 가만히 생각해보면 그 믿음의 원리는 하나님이 선물을 주셔야만 믿는 것입니다.

어떤 사람들은 믿음이 하나님의 선물이라는 사실에 대해 "아, 그게 아니라 사람이 믿는 거지" 하면서 믿음의 결정권을 사람에게 보장해주고 싶어 합니다. 그러나 내가 어떻게 그 복음을 믿게 된 것입니까? 하나님이 계신 것과 그 앞에 우리가 죄인 된 것과 죄인으로서 나는 전적으로 부패하여 하나님 나라에 이를 만한 그 어떤 의도 없다는 사실과 철저한 회개와 낮아짐 같은 것들을 도대체 어떻게 믿고 성경이 열어주는 세계관을 어떻게 받아들이게 되었냐는 말입니다. 이러한 사실들은 우리에게 너무 낯선 것입니다. 사실 우리는 본질상 복음을 거부합니다. 그러므로 복음을 받아들이고 주 앞에 머리를 숙여 찬송하는 믿음의 순종은 영적인 창조요, 하나님의 선물인 것입니다.

"복음이 하나님의 선물이라면 우리가 아무리 다른 사람들에게 복음을 전해도 하나님이 작정하시지 않으면 그들이 믿지 못할 것이 아닌가? 그러면 우리의 수고는 헛수고 아닌가?"라는 의문이 들어도, 믿음이 하나님의 선물인 것은 분명한 사실입니다. 우리는 주께서 전하라고 하신 주의 교훈에 순종하여 전하는 것뿐입니다. 그리고 그때 전하는 우리의 순종을 통해 하나님은 그분의 택정한 백성을 불러내는 주의 은혜를 베푸십니다. 우리가 순종하고 전할 때 하나님이 추수하십니다. 그러니까 본문에서 로마에 교회가 세워졌다는 사실이 바울 사도에게 굉장히 흥분되는 일인 것입니다. "하나님이 그곳에서 그분의 백성을 작정한 대로 불러 세우시는구나. 구원의 손길이 그곳에도 미치는구나." 바로 이 사실 때문에 바울은 흥분하며 하나님께 감사했던 것입니다.

두 번째, 하나님이 교회를 세우시면 다른 교회들이 그 일로 큰 영적 유익을 받기 때문입니다. 여러분, 이 세상에 교회가 하나만 있다면 어떻겠습니까? 그러면 교회에 출석하는 일이 얼마나 힘들겠습니까? 곳곳에 교회가 있을 때, 하나님은 각 교회를 향하여 은혜의 손길을 펼치시고, 각 교회는 자신들에게 닿은 하나님의 은혜로 인해 자라나며 사명을 감당하게 됩니다. 그렇게 교회는 서로 연락하고 의지하며 함께 자라게 됩니다. 이렇듯이 하나님이 행하시는 구원 역사는 능동적 사건입니다. 능동적 사건을 통해 서로 힘을 얻는 것입니다.

이러한 이치는 어느 지역교회의 성장의 예를 통해 잘 이해할 수 있습니다. 가령 지금 교인이 스무 명인 교회가 있다고 합시다. 그 교회의 교인수가 늘어나고 또 믿지 않던 사람이 새롭게 예수님을 믿는 일이 일어나면, 교회는 훨씬 더 생동감이 있고 힘을 얻게 될 것입니다. 이러한 사정 안에서 교회는 교인 한 명 한 명을 모두 소중히 여기게 됩니다. 서로가 서로의 믿음에 버팀목이요, 신앙의 동지가 되는 것입니다. 바로 이처럼 개교회가 세워지고 또 다른 곳에 개교회가 세워질 때, 보편 교회는 서로서로 귀히 여기며 감사를 드리게 됩니다. "하나님께서 오늘도 쉼 없이 일하시며 선택한 백성들에게 믿음의 선물을 주시는구나" 하면서 기뻐하고 그 모든 일들로 인해 하나님께 감사하지 않을 수 없는 것입니다. 특히 이방인의 사도로 부름받아 복음을 전하는 바울 사도의 책무를 생각할 때는 너무나 흥분되는 일이 아닐 수가 없습니다. A라는 지역에 선교사로 가고자 하는 사람이 먼저 간 선교사로 인해 그곳에 교회가 세워졌다는 소식을 들으면, 흥분되기 시작하는 것입니다. 그때 "아, 하나님이 일하시는구나. 나도 얼른 가서 복음을 전해야겠다"라는 열정과 흥분이 생기는 것과 같다고 볼 수 있습니다. 오늘날 이 땅에는 많은 교회가 있지만 그 가운데 교회를 세워 가는 또 하나의 개교회는 이미 있는 교회에 새로운 희망이 되는 것입니다. 또한 우리는 먼저 세워진 교회를 통해 힘을 얻고 교회를 세울 수 있는 비전과 가능성과 능력과 하나님의 일하심을 확신하며 나아갈 수 있습니다. 이어서 또 많은 교회가 세워질 터인데, 교회들은 다 그렇게 힘을 얻는 것입니다.

그러면 하나님 앞에 얼마나 큰 감사를 드려야 할까요? 본문에서는 그 감사에 대해 두 가지 부가적인 표현이 나옵니다. 먼저 8절에서

"예수 그리스도로 말미암아"라고 했습니다. 그리스도로 말미암아 하나님께 감사한다는 것입니다. 그것은 내가 감사하는 내용도 그리스도의 은혜로 인한 것이고 동시에 내가 하나님께 감사드릴 수 있는 나와 하나님의 관계도 그리스도로 인한 것이기 때문입니다.

또한 바울은 그리스도의 은혜를 깊이 생각하며 주 앞에 감사합니다. 그는 "내 하나님"이라는 표현을 사용합니다. 이 말에는 아주 강렬한 의미가 담겨 있는 것입니다. 사실 '내'라는 글자를 빼도 되는데 굳이 "내 하나님"이라는 말을 붙여서 하나님과의 관계의 친밀성과 특별한 고백을 담고 있습니다. 하나님이 교회 공동체의 한 회원으로 나를 부르시고, 그 가운데 개별적인 친밀감으로 하나님을 나의 하나님이라고 부를 수 있도록 관계를 세워주시는 일은 참으로 놀라운 축복입니다. 우리는 일반적으로 골방에서 무릎 꿇고 개인적으로 친밀하게 하나님을 만나거나, 생활이나 사역 가운데 하나님 아버지를 찾아 부르는 개인적이며 친밀한 교통을 갖습니다. 그러한 관계를 통해서 하나님은 우리의 모든 믿음의 형제자매와 함께하는 언약 공동체의 하나님이실 뿐만 아니라 동시에 나의 하나님으로 다가오는 특별한 분임을 보이십니다. 바울은 자신의 사도적 사역과 책임, 개인의 문제, 교회라는 영역에서 각각 하나님을 나의 하나님이라 부르며 특별한 관계를 고백합니다.

사도행전 27장 23-25절을 보겠습니다.

"내가 속한 바 곧 내가 섬기는 하나님의 사자가 어제 밤에 내 곁에 서서 말하되 바울아 두려워하지 말라 네가 가이사 앞에 서야 하겠고 또 하나님께서 너와 함께 항해하는 자를 다 네게 주셨다 하였으니 그러므로 여러분이여 안심하라 나는 내게 말씀하신 그대로 되리라고 하나님을 믿노라."

여기서 말씀을 받은 바울은 "내가 섬기는 하나님의 사자가 어젯밤에 내 곁에 서서 말했다. 나는 하나님께 속해 있다. 그리고 그 하나님을 내가 섬긴다. 그러니 그분은 나의 하나님이다."라는 의미를 담아 자신이 하나님과 누리는 친밀한 관계를 고백합니다. 고린도전서 15장 9절에도 잘 알려진 말씀이 나옵니다.

"나는 사도 중에 가장 작은 자라 나는 하나님의 교회를 박해하였으므로 사도라 칭함 받기를 감당하지 못할 자니라."

바울은 이 고백 가운데서도 '하나님께 속한 자'라는 자기 신분의 정체성을 하나님과의 특별한 관계를 통해서 확실하게 고백합니다.

결국 단순한 지식과 교리적인 몇 가지 이해, 어떤 습관에 따른 신앙생활은 하나님과의 관계에 대한 나의 신앙적인 신분의 정체성에 대한 정확하고 분명한 인식을 심어주지는 못합니다. 우리가 하나님을 나의 하나님으로 고백하려면, 근본적으로 심령 안에서 하나님을 깊이 받아들이면서 그분을 나의 아버지로 깨닫고, 내가 그렇게 고백할 수 있도록 언약 공동체에 불러주신 그 은혜에 감사하는 개인적 고백이 있어야 합니다. 이것은 그야말로 읽은 말씀을 자신의 심령 안에 살아 계신 하나님의 말씀으로 받는 일을 통해 이루어지는 사건입니다. 아울러 주 앞에서 엎드려 기도하는 경건이 없으면, 즉 그러한 개인 경건의 뿌리가 없으면 나의 하나님이라고 고백할 수가 없게 됩니다. 공동체 경건에 기대어 개인 경건을 유지하는 것은 한순간에 무너질 수 있는 모래 위의 집과 같기 때문입니다. 오히려 개인 경건의 뿌리가 깊은 사람은 설령 공동체 경건이 약해지는 일이 있더라도 여전히 나의 하나님이라고 부를 수가 있습니다. 엘리야 시대에 바알에게 무릎 꿇지 않은 7,000명을 보세요. 바알에게 무릎 꿇지 않은 7,000명은 당시 상황 속에서 어떻게 경건을 유지했을까요? 예수님이 오신 그때에 이스라엘의 영적 상태는 어두웠으나, 그 가운데 서 있던 시므온이나 안나와 같은 분들의 경건을 생각해보세요. 이 개인 경건은 다른 성도에게 이야기한다고 해서 전달되는 것이 아닙니다. 같은 신자라 할지라도 은혜의 분량은 그 영적 부요함에 있어서 개인적으로 차이가 있습니다. 사도 바울은 그런 깊은 관계 속에서 "나의 하나님께 감사한다"고 했습니다. 자신도 이런 은혜를 입어 교회의 일원이 되었고 사도로까지 세움을 받아 이방인에게 복음을 전하는 가운데 자신의 책임이 어떻게 전개될 것인지를 보여주고 실현의 가능성을 열어준 하나님께 감사하는, 특별한 신앙적 소회가 있는 것입니다.

바울의 소원과 기도

그래서 바울은 이렇게 기도합니다.

"내가 그의 아들의 복음 안에서 내 심령으로 섬기는 하나님이 나의 증인이 되시거니와 항상 내 기도에 쉬지 않고 너희를 말하며 어떻게 하든지 이제 하나님의 뜻 안에서 너희에게로 나아갈 좋은 길 얻기를 구하노라"(9-10절).

바울은 9절 하반절에서 기도할 때마다 너희를 잊지 않았다고 말합니다. 즉, 바울 사도가 로마 교회의 믿음의 소식을 듣고 기뻐한 까닭은 그의 마음이 로마 교회에 있었기 때문입니다.

결국 우리가 성도의 관계 속에서 기쁜 일이 있을 때 함께 기뻐하고 어려운 일이 있을 때 함께 슬퍼할 수 있으려면, 성도 개개인에 대한 사랑의 마음의 연결고리가 있어야 합니다. 그것이 없으면 다른 성도의 기쁨이 나의 기쁨일 수 없고, 다른 성도의 슬픔이 나의 슬픔으로 다가오지 않습니다. 한 교회 안에서 지체들이 하나님 앞에서 동고동락해 나가는 관계로 묶여지는 것은 평소에 기도로 서로를 품고 있어야 가능한 일입니다. 교회를 사랑한다면 여러분 각자의 마음과 기도 속에 교회가 있어야 합니다. 한국 교회를 사랑한다면 한국 교회가 여러분의 마음속에 있어야 합니다. 그것이 없으면 교회에 관한 어떤 나쁜 소식이 들릴 때, 당신의 마음속에 애통과 아픔이 아니라 짜증이 밀려옵니다. 교회를 사랑하면 교회에 대한 험한 소리가 들려올 때 속상해하고 아파합니다. 그러나 생각해보시기 바랍니다. 주님은 애통하는 자에게 복이 있다고 하셨습니다. 이는 하나님 나라에 대한 지극한 사모의 열정 때문에 성도가 애통을 겪게 되는 면이 있음을 말씀하신 것입니다. 그것은 하나님 나라를 생각하며 죄를 슬퍼함으로 오는 애통입니다. 그것은 단지 삐뚤어진 마음의 분노나 저주나 정죄와 같은 마음에서 오는 것이 아닙니다. 애통은 애끓는 마음을 품고 현실의 영적 상태를 아파하는 것입니다. 결국 바울이 로마 교회의 소식으로 인하여 기뻐한 것은 바울의 마음속에 항상 로마 교회가 있었기 때문입니다. 그가 로마 교회를 사랑했기 때문에 로마 교회의 믿음의 소식은 그에게 커다란 기쁨이었습니다.

이어서 10절에는 로마 교회를 너무나 가고 싶어 하는 바울 사도의 마음이 나와 있습니다. 그래서 그는 하나님의 뜻 안에서 나아갈 좋은 기회가 있기를 하나님 앞에 구하였습니다. 이것은 항상 바울 사도의 행동에 대한 전제입니다. "내가 간구하지만 주께서 허락하시면 이루어질 일이요, 그렇지 않으면 이룰 수 없는 것이로되 너희를 향한 나의 마음은 여전하다. 주의 뜻 안에서 그 길이 있기를 내가 구하였다." 바울의 기도에 "내 욕망과 바람이 선한데 하나님은 왜 이 기도를 안 들어주십니까?"라는 불평과 원망이 가득 담겨 있습니까? 아닙니다. 어떤 성도들은 자신이 하나님 앞에 구하는 것이 선한데 하나님이 안 들어주시거나 원하는 시점에 안 들어주시면 하나님을 원망할 이유가 있다고 생각하기도 합니다. 하나님께 불평할 만한 이유가 있다고 생각하는 것입니다. 하지만 사도 바울의 기도는 그렇지 않았습니다. '내가 하나님 앞에 구하는 내용이 선할진대'라는 말은 기도해야 할 마땅한 일이라는 점을 보여줍니다. 주 앞에 구하는 기도의 내용은 하나님의 나라와 그분의 영광을 위한 것이기에 그 내용이 선해야 하는 것은 너무나 마땅한 일입니다. 바울은 로마 교회에 가고자 하는 것이 자신의 개인적 야욕이나 욕망이 아니요, 주의 나라와 하나님의 영광을 위한 일을 통해 영광을 받으실 주님의 뜻을 따르기 위한 것이니, 로마에 가는 길은 주께서 허락하실 때 갈 수 있을 것이라고 말합니다. 그리고 주의 영광을 위하여 자신이 부름받은 직임과 관련해서 로마 교회에 가기를 원한다고 말합니다. 어떤 일이든 그 뜻의 허락은 주께 있는 줄 알고 감사함으로 나가는 것이로되, 구할 바는 하나님의 뜻에 따라 구하는 것입니다. 이것이 진실한 기도의 한 모습입니다. 바울 사도는 오랜 시간 동안 로마 교회에 나갈 길을 얻고자 했지만 주의 뜻 안에서 그러지 못했습니다.

한편 9절 상반절에서 기도의 진실성에 대한 교훈을 받게 됩니다.

"내가 그의 아들의 복음 안에서 내 심령으로 섬기는 하나님이 나의 증인이 되시거니와."

여기서 바울은 "하나님이 나의 증인"이라는 표현을 왜 사용했을까요? 9-10절에서 "하나님이 나의 증인"이라는 표현 없이 "내가 항상 기도에 쉬지 않고 너희를 말하며 어떻게 하든지 이제 하나님의 뜻 안에서 너희에게로 나갈 좋은 길 얻기를 구하노라"라고 말한다고 생각해보세요. 그래도 말하고자 하는 뜻은 잘 전달됩니다. 그런데 그 앞에 "하나님이 나의 증인"이라는 말을 붙인 이유는 로마 교회를 향한 바울 사도의 애절한 사랑을 고백하기 위함입니다. 바울은 정말 그들에게 가고 싶었다고, 그들을 한순간도 잊어버리지 않았다고, 언제나 기도할 때마다 그들을 위해 기도했다고 말하고 싶은 것입니다. 진실한 마음으로 섬기는 하나님을 증인으로 소환하여, 로마 교회를 향한 자신의 사랑에 대해 이야기하는 것입니다.

그런데 "하나님을 소환하여 그분의 이름으로 이렇게 맹세해도 됩니까?"라는 의문을 품는 사람도 있을 것입니다. 십계명 가운데 제3계명을 살펴보면 알 수 있는 바처럼, 하나님의 이름으로 맹세하는 일은 진실한 일이라면 얼마든지 가능합니다. 그러나 진실한 마음이 아니라 다른 뜻과 목적을 갖고 거짓된 마음으로 맹세하면 안 됩니다. 하나님의 이름을 직접 쓰지 않고 다른 일로 빗대어 말해도 그것은 잘못입니다. 예수님은 그런 맹세는 하지 말라고 가르치셨습니다. 진실성이 맹세의 기초이기 때문입니다. 그렇게 가르치신 예수님은 "진실로 진실로 내가 너희에게 이르노니"라는 식으로 맹세하셨습니다. 진실한 맹세이기 때문입니다. 로마서 9장을 보겠습니다. 바울 사도는 로마서 9장 1-3절에서 단언코 맹세를 합니다.

"내가 그리스도 안에서 참말을 하고 거짓말을 아니하노라 나에게 큰 근심이 있는 것과 마음에 그치지 않는 고통이 있는 것을 내 양심이 성령 안에서 나와 더불어 증언하노니 나의 형제 곧 골육의 친척을 위하여 내 자신이 저주를 받아 그리스도에게서 끊어질지라도 원하는 바로라."

바울은 자기의 혈육인 이스라엘을 향한 그의 사랑을 고백할 때도 맹세의 형태로 합니다. 바울 사도의 이런 맹세 형식은 진정한 사랑의 고백 속에 담긴 강렬한 열정이며, 이를 통해 우리는 그의 뜨거운 마음을 느낄 수 있습니다. "얼마나 내가 애절한 마음으로 사랑했는지 아는가?" 그의 표현은 바로 이 마음을 투영합니다.

그가 그렇게 하나님을 증인으로 선언할 수 있는 것은, 하나님이 나의 증인이 되실 만큼 나를 정확히 아신다는 하나님과의 신뢰 관계가 바탕이 되어 있기 때문입니다. 이것은 하나님에 대한 형식적인 호소가 아닙니다. 바울은 하나님을 "내 심령으로 섬긴다"고 했습니다. 영과 진리로 섬겨온 하나님과의 내밀한 개인적 친밀성이 있기 때문에 "하나님은 아신단 말이지"라고 말할 수 있는 것입니다. 그래서 본문 9-10절에 나온 기도의 내용과 하나님을 증인으로 삼는 내용은 바울이 개인적으로 어떤 사람인지를 우리에게 보여줍니다. 그가 심령 속에 복음을 향한 열정을 가졌고, 그것 때문에 단순히 "나는 그게 좋아. 그렇게 살면 좋겠어."가 아니라 애끓는 사랑의 마음으로 기도의 무릎을 꿇었고, 하나님을 증인으로 세울 만큼 뜨거운 열정이 있었고, 진실한 사람이었음을 보여줍니다.

9절의 "그의 아들의 복음 안에서"라는 말은 사도 바울의 입에 붙어 있는 말입니다. 즉, 바울 사도는 예수 그리스도의 복음을 떠나서는 어떤 말도 하지 않는 사람입니다. 다시 말하면, 그가 섬기는 하나님을 증인으로 세우는 것도 그리스도의 복음 때문에 가능하다는 것입니다. 앞서 8절을 나눌 때도 이야기했듯이 그에게는 감사도 그리스도의 복음 때문에 가능한 것이었습니다. "내가 너희를 위해 기도한 일도 복음 때문이요, 그 복음의 진실성, 기도의 진실성을 하나님 앞에 호소하는 것도 예수 그리스도 때문이다." 바울이 행하는 모든 사역은 그리스도를 떠나서는 상상도 할 수 없는 일입니다. 바울 사도의 신앙의 변화를 생각해보세요. 다메섹 도상에서 그리스도를 만나고 그 은혜로 구원받은 후에 바울은 오직 그리스도께 붙잡힌 사람이 되어, 모든 말과 행실과 사고와 신앙의 전부를 그리스도 아래서 해석하게 되었습니다. 그리스도 때문에 하나님의 은혜로 값없이 의롭다 하심을 얻었고(롬 3:24), 믿음으로 의롭다 함을 받아 하나님과 화평을 누리게 되었고(롬 5:1), 하나님의 영광을 바라고 즐거워하는 자가 되었고(롬 5:2), 양자의 영을 받아 하나님을 아빠 아버지라고 부르게 되었습니다(롬 8:15). 이것이 바로 하나님을 심령으로 진실히 섬기며 증인으로 삼는 자라는 바울의 고백에 담긴 경건의 내용입니다. 그러니까 그리스도를 아는 자는 하나님을 아버지라 부르며 하나님과 사랑의 관계를 맺습니다. "예수님은 좋은데 하나님은 무섭다"라는 것은 균형이 깨진, 잘못된 신앙입니다. 예수 그리스도 안에서 하나님과 화목하고, 하나님을 아버지라 부르게 되고, 지극히 높으신 하나님의 영광을 바라보고 그 영광에 참여함을 즐거워하게 되며, 이 모든 그리스도의 은택을 아버지께서 우리를 사랑하여 주셨다는 사실로 인해 그리스도를 믿는 자는 하나님을 아버지라 부르며 나아가는 데 조금도 주저함이 없습니다. 우리는 바로 그 일이 우리 안에 이루어졌음을 믿어야 합니다.

바울이 로마에 가고자 하는 목적

본문 11절부터 13절까지는 바울이 로마에 가고자 하는 목적을 설명하는 내용입니다. 11절은 바울이 로마에 가고자 하는 첫 번째 목적입니다. 바로 앞의 10절에서는 "너희에게로 나아갈 좋은 길 얻기를 구하노라"라는 말로, 로마에 가서 그곳의 성도들을 만나고 싶다고 말합니다. 그리고 11절에서 "내가 왜 그렇게 너희를 보기 원하는 줄 아는가?"라고 합니다. 그들에게 신령한 은사를 나눠 주고 싶은 것이 그 이유였습니다. 바울 사도는 간절한 목적이 있었던 것입니다.

"내가 너희 보기를 간절히 원하는 것은 어떤 신령한 은사를 너희에게 나누어 주어 너희를 견고하게 하려 함이니"(11절).

그러면 "신령한 은사"란 무엇일까요? 은사의 사전적인 의미는 하나님이 값없이 주시는 선물입니다. 구체적으로 살펴보면, 그것은 객관적인 면과 주관적인 면, 두 가지로 나눠볼 수 있습니다. 객관적으로 볼 때, 하나님이 값없이 주시는 선물은 예수 그리스도의 복음 안에서 주시는 '영생'입니다. 사도 바울은 로마 교회에 가서 그리스도 안에서 받은 영생의 선물을 그들과 함께 나누고 싶었습니다. 로마서 6장 23절에서는 "죄의 삯은 사망이요 하나님의 은사는 그리스도 예수 우리 주 안에 있는 영생이니라"라고 말합니다. 여기서는 은사를 영생이라고 분명히 말합니다. 즉, 본문에서 신령한 은사를 나누고 싶다는 바울의 말은 로마서 6장에 있는 하나님의 은사에 대한 이해를 가져온 것입니다. 결국 신령한 은사는 그리스도 예수 안에서 받은 영생의 복음이라 말할 수 있습니다.

그리고 하나님이 교회를 세우기 위해 주관적인 의미로 주시는 은사가 있습니다. 다양한 은사가 고린도전서와 로마서에 걸쳐 나옵니다. 그런데 바울이 나눠 주고자 하는 은사는 도대체 무엇일까요? 바울은 신령한 은사 집회를 하고자 로마 교회에 가고자 했습니까? 아닙니다. 바울은 이방인의 사도로 부름받아, 사나 죽으나 그 가운데 택정한 자를 불러내어 그리스도의 복음의 영생의 복음을 전하는 말씀 사역에 집중하며 마음을 다했습니다. 즉, 그리스도의 복음을 드러내어 주는 것이 바울이 받은 가장 큰 은사인 것입니다. 죄인 중에 괴수인 나도 사도로 부르심받았다는 바울, 그의 심령에 있는 계시의 이해가 그가 교회를 위해 사용하는 가장 중요한 사도적 은사였습니다. 바울은 바로 이것, '복음의 깨달음'을 그들에게 전해주고 싶었던 것입니다.

어떤 이들은 1장 11절에 나온 "신령한 은사"를 풀어 말하기를, 그것이 방언, 신유, 축사 등을 가리킨다고 합니다. 그러면서 "너희에게 나누어 주어"라는 표현을 들어, 성령의 은사뿐 아니라 성령 자체를 나누어 준다고 주장하는 은사 집회를 열기도 합니다. 그러나 이것은 성경을 완전히 왜곡한 것입니다. 본문에서 바울 사도가 "너희 보기를 간절히 원한다"고 하는 것은, 그들이 주장하는 식의 초자연적이고 신비한 성령의 은사나 성령을 그대로 툭툭 나누어 주기 위해 가고자 함이 아닙니다. 우리가 다 아는 것처럼, 성령의 은사는 성령 하나님이 주시는 것입니다. 고린도전서 12장 11절에서도 "이 모든 일은 같은 한 성령이 행하사 그의 뜻대로 각 사람에게 나누어 주시는 것이니라"라고 분명히 밝히고 있습니다. 따라서 성도가 다른 성도에게 은사 자체를 떼어 주는 것이 아니라, 각각의 은사의 유익을 나눌 뿐입니다. 바울은 자신이 받은 말씀의 은사를 활용하여 모든 성도가 말씀을 듣고 각성하여 깨닫는 은혜가 있도록 은사를 나누고자 한다고 말한 것입니다. 이러한 원리를 따라 우리에게 적용하면 성도의 교통이 어떠해야 하겠습니까? 성도 중에, 하나님의 교회에 유익을 가져다줄 것이 없는 사람은 아무도 없습니다. 또한 아무리 교회에서 가장 믿음이 성숙하고 가장 오랜 신앙 경험을 가진 자라 할지라도 다른 성도의 은사를 통해 유익을 받지 않아도 될 만큼 완전한 자는 없습니다. 성도는 모두 서로에게 의지하는 것입니다. 아무리 성숙한 자라도 가장 작은 자요, 이제 막 믿은 자에게 도움을 받을 만한 부족과 필요가 있는 것이고, 가장 작은 자라도 나누어 줄 것이 있는 것입니다. 이러한 맥락에서 신령한 은사를 너희에게 나눠 준다고 하는 것이지, 신사도적 운동과 같은 잘못된 집회 형태에서 보는 바와 같이 성령을 나누어 주는 것이 아닙니다. "마땅히 생각할 그 이상의 생각을 품지 말고 오직 하나님께서 각 사람에게 나누어 주신 믿음의 분량대로 지혜롭게 생각하라"는 말씀(롬 12:3)을 생각해볼 때, 성령을 쪼개 나눠 준다는 말은 매우 악한 것입니다. 그저 잘못된 것이 아니라 죄를 범하는 일입니다. 신학의 왜곡은 단순한 오해가 아니라 죄가 됩니다.

바울이 신령한 은사를 나눠 주고자 한 목적은 11절에 나온 대로 "너희를 견고하게 하려 함"입니다. 이 말씀은 무엇을 위해 신령한 은사가 주어진 것인지 잘 보여줍니다. 견고하게 한다는 말은 초자연적인 능력을 더해주겠다는 말이 아닙니다. 이미 8절에서 바울은 그들의 믿음이 온 세상에 전파되었기 때문에 하나님께 감사하다고 했습니다. 그리고 나서 "내가 여러분에게 가서 신령한 은사를 나누어 주어 믿음이 더욱더 견고하게 세워질 수 있도록 가르쳐주기를 원합니다"라고 말합니다. 결국 "너희를 견고하게 하려 함이니"라는 말은 이미 세워진 믿음이 더 굳게 설 수 있도록, 다시는 이단이나 잘못된 가르침 때문에 미혹을 받거나 흔들리지 않고 로마의 세속적인 권력과 타락한 모든 종교나 이외의 것들에 위협받지 않고 믿음이 견고히 성장할 수 있도록 가르쳐주고 싶다는 것입니다. 이처럼 성도의 은사는 서로에게 유익을 주어 그리스도의 교회를 세워 가는 목적을 갖습니다.

여기서 오늘의 형편을 돌아봅시다. 성도들이 교회 안에서 서로 각각의 은사로 견고하게 설 수 있는데 그렇지 못하고 있다면 그 원인은 무엇일까요? 은사가 없어서가 아닙니다. "우리 교회에는 교회

를 든든히 세울 수 있을 만한 신령한 은사가 너무 없어!"그런 교회
는 없습니다. 그러면 왜 유익을 받지 못할까요? 유익을 받으려면 겸
손해야 합니다. 서로 겸손과 사랑으로 품어야 유익을 받을 수 있습니
다. 그런데 반대로 교만과 시기와 질투를 품으면 절대로 서로 세워지
는 교회의 유익을 못 받습니다. 하나님의 교회가 언제 강력하게 세워
지는가 보세요. 예를 들어, 교회가 개척해서 얼마 동안은 강력한 영
적 분위기를 나타냅니다. 모두가 겸손하기 때문입니다. 처음에 교회
를 개척하면 서로가 아직 조심스러우니까 상대에게 예의를 갖추게
되고 비교적 겸손하게 행동하게 됩니다. 그래서 서로 섬기는 은사가
커다란 유익을 줍니다. 그런데 조금씩 사람이 늘고 1년, 2년 세월이
흘러가면서 서로를 알아갑니다. 그러다 보면 점점 상대방에 대한 배
려와 겸손한 태도가 줄어듭니다. 그러면 교회 안의 은사들이 긍정적
으로 합하여 교회를 세우는 일은 사라지고, 도리어 서로에 대해 존경
의 마음이 줄어들며, 서로 상처를 주는 일도 생기게 됩니다. 12절을
보겠습니다.

"이는 곧 내가 너희 가운데서 너희와 나의 믿음으로 말미암아 피차 안위
함을 얻으려 함이라"(12절).

견고해지면 피차 유익이 됩니다. 나와 너희의 믿음이 세워지니까
피차 안위함을 얻습니다. 그래서 8절에서 너희 믿음이 온 세상에 알
려진 것으로 인해 감사하다고 한 것입니다. 이처럼 멀리 있는 교회의

믿음도 피차 안위함을 얻는데, 만나서 은사를 나누어 서로를 견고하게 세우면 얼마나 큰 유익과 안위함을 누리겠습니까? 여러분, 여러분 개인의 신앙이 어떤지 모르지만 교회에 와서 피차 믿음으로 안위함을 누리고 있는지 스스로 물어보세요. "네. 그렇습니다"라고 말할 수 있다면 교회가 건강한 것이고, 이와 반대로 안위함이 아니라 피차 상처를 주고받았다면 그만큼 교회가 건강하지 않은 것입니다. 또한 말씀의 은혜로 심령이 견고해지고 있다면 건강한 교회이고, 그렇지 못하면 건강하지 못한 교회인 것입니다. 각 지체는 서로 공동체적 교회로 묶여져 있습니다. 우리는 공동 신앙 운명체입니다.

바울이 로마에 가고자 한 세 번째 목적은 13절에 나옵니다.

"형제들아 내가 여러 번 너희에게 가고자 한 것을 너희가 모르기를 원하지 아니하노니 이는 너희 중에서도 다른 이방인 중에서와 같이 열매를 맺게 하려 함이로되 지금까지 길이 막혔도다"(13절).

13절에 나오는 "열매"란 무엇일까요? 그것은 사랑의 열매, 성령의 열매, 전도의 열매, 의의 열매일 수 있습니다. 로마서 16장 5절에서는 이렇게 말합니다.

"사랑하는 에배네도에게 문안하라 그는 아시아에서 그리스도께 처음 맺은 열매니라."

여기서 "열매"는 사도 바울이 이방인을 전도하여 믿음으로 오게 한 것을 말합니다. 또한 빌립보서 1장 10-11절을 보겠습니다.

"너희로 지극히 선한 것을 분별하며 또 진실하여 허물 없이 그리스도의 날까지 이르고 예수 그리스도로 말미암아 의의 열매가 가득하여 하나님 의 영광의 찬송이 되기를 원하노라."

여기서 "열매"는 전도하여 얻는 열매, 신자가 그리스도의 장성한 분량까지 자라면서 얻게 되는 그 의와 지극한 거룩함을 말합니다. 그 것은 요한복음 15장에 나온 대로 사랑의 열매로 맺어지기도 합니다.

결국 이 세 가지 목적을 통해 우리는 왜 바울이 로마 교회의 믿음 과 순종의 소식을 듣고 그렇게 기뻐했는지 알 수 있습니다. 이러한 목적으로 방문하려는 바울 사도는 이미 로마 교회 안에 있는 자신이 바라던 목적의 첫 열매를 보고 너무나 기뻤던 것입니다. 14-15절에 나오듯이 바울 사도는 늘 빚진 자의 마음을 갖고 있었습니다.

"헬라인이나 야만인이나 지혜 있는 자나 어리석은 자에게 다 내가 빚진 자라 그러므로 나는 할 수 있는 대로 로마에 있는 너희에게도 복음 전하 기를 원하노라"(14-15절).

사도행전 9장 15절에도 "주께서 이르시되 가라 이 사람은 내 이 름을 이방인과 임금들과 이스라엘 자손들에게 전하기 위하여 택한 나의 그릇이라"라고 나옵니다. 이는 바울 사도가 눈이 멀었을 때, 주께서 아나니아에게 바울에 대해 말해주신 내용입니다. 아나니아가 그를 위태로운 사람, 위험한 사람으로 의심했기 때문입니다. 그렇게 택함받은 그릇으로서 바울 사도는 주님 앞에서 늘 빚진 자의 마음이 있었습니다. 그래서 자신이 복음을 전할지라도 자랑할 것이 하나도 없다고 한 것입니다(고전 9:16). 심지어 바울은 만일 자신이 복음을 전하지 않으면, 자기에게 오히려 화가 있을 것이라 했습니다. 그만큼 그는 늘 빚진 마음을 갖고 있었습니다. 로마서 11장 13절에서 바울은 "내가 이방인인 너희에게 말하노라 내가 이방인의 사도인 만큼 내 직분을 영광스럽게 여기노니"라고 했습니다. 바울이 이방인에게 복음을 전하도록 부름받은 자기 직분을 영광스럽게 여긴다고 한 이 영광은 어떤 영광입니까? 그것은 빚진 자로서의 부르심입니다. 이 영광은 바라던 것을 손에 쥐는 욕망의 성취에 있는 것이 아닙니다. "주님의 은혜로 인해 받은 사랑을 어찌 다 갚을 것인가? 무엇으로도 갚을 길이 없도다"라고 하면서 오직 감사로 순종하며 받는 부르심, 그것이 바로 빚진 자의 영광입니다.

우리의 신앙생활 자체가 그렇습니다. 우리는 기억해야 합니다. 영생이라는 더없는 은혜를 받았는데 어찌 부족하다며 주 앞에서 계속 불평과 원망으로 살겠습니까? 그럴 수 없다는 고백은 교회사를 통해 경건한 자들이 일관되게 말한 것이었습니다. 이러한 빚진 자의 심령으로 바울은 15절에서 이렇게 말합니다.

"그러므로 나는 할 수 있는 대로 로마에 있는 너희에게도 복음 전하기를 원하노라"(15절).

그는 할 수 있는 대로 로마에 있는 이들에게도 복음을 전하기 원했던 것입니다. 그것을 그는 빚진 자가 누리는 영광으로 받았습니다. 이 모든 사실은 바울의 심령에 대한 영적인 이해를 잘 밝혀줍니다.

본문을 통해 우리는 교회가 무엇을 위해 있어야 하고, 어떤 교회가 건강한 것인지, 또 기도란 무엇이며, 간구의 내용이 선하더라도 주의 때에 주의 뜻 안에 이루어지는 것임을 생각하면서 동시에 하나님을 증인으로 소환할 만큼 진실한 사랑이 있어야 감사도 나오는 것임을 알았습니다. 또한 바울 사도 개인의 경건과 그의 사도 직임에 대한 이해를 살펴보면서 많은 깨달음을 얻게 됩니다. 바로 그 내용을 여러분이 속한 교회에 적용하여 교회가 어떻게 서서 무엇에 힘써야 하는지 답을 찾아 각각 적용하는 은혜가 있기를 바랍니다.

4. 구원을 주시는 하나님의 능력

내가 복음을 부끄러워하지 아니하노니 이 복음은 모든 믿는 자에게 구원을 주시는 하나님의 능력이 됨이라. 먼저는 유대인에게요 그리고 헬라인에게로다. 복음에는 하나님의 의가 나타나서 믿음으로 믿음에 이르게 하나니 기록된 바 오직 의인은 믿음으로 말미암아 살리라 함과 같으니라. 로마서 1:16-17

복음이 부끄러운 것으로 여겨지는 이유

사도 바울은 복음에 대한 주관적 고백으로 "내가 복음을 부끄러워하지 아니하노니"라고 합니다. 당시나 지금이나 복음은 세상에서 부끄러운 것으로 조롱을 받습니다. 지금은 "복음이 일반화되어 있다" 또는 "기독교가 어느 정도 상식화되고 종교로서의 보편성을 인정받고 있다"며 복음을 이야기할 때 일정한 수의 무리와 더불어 복음을 자랑하는 것이 어렵지 않지만, 처음 복음을 전하던 시대만 해도 그렇지 않았습니다. 실제로 그 당시에 복음이 부끄러운 데는 신학적이고 문화적인 이유가 있습니다.

우선 신학적으로 그 이유를 살펴보겠습니다. 당시, 메시아는 비참하게 벗겨진 채로 죽었습니다. 이 자체로 사람들이 그분을 메시아로 믿고 따르는 것은 넌센스입니다. 합리성이 없고 또 그래야 될 만한 종교적인 뚜렷한 이유도 없다고 생각할 만한 상황이었습니다. 예수님은 마태복음 27장에 묘사된 대로 군병들에게 끌려가 옷이 벗겨지고 홍포를 입고 머리에 가시관을 쓰셨습니다.

"희롱하여 이르되 유대인의 왕이여 평안할지어다 하며 그에게 침 뱉고 갈대를 빼앗아 그의 머리를 치더라"(마 27:29-30).

이는 수욕을 당한 메시아에 대한 묘사입니다. 그리고 "네가 만일 하나님의 아들이어든 자기를 구원하고 십자가에서 내려오라"라며 지나가던 자들이 고개를 흔들면서 예수님을 모욕합니다. 성전을 부수고 사흘 만에 짓겠다는 자가 자기 하나를 구원하지 못하냐며 예수님을 조롱합니다.

이어지는 내용을 보면 대제사장들과 서기관들과 장로들은 하나님의 구원의 약속, 은혜 언약이 무엇인지 안다고 하는 자들인데 그들마저 예수님을 희롱하며 "우리를 구원하겠다고 하면서 자기는 구원하지 못하는가?"라고 말합니다. "우리를 구원하는 메시아라면 자기를 구하는 일은 능히 해야 되는 것이 아닌가? 자기도 구원할 수 없는 자가 무슨 다른 이를 구원하겠는가?"라고 말하며 조롱합니다. 그렇게 죽은 자를 메시아요, 구주요, 하나님의 아들이라며 예배하는 종교적 무리가 생겨서 그들이 믿는 것을 '복음'이라 했을 때, 그 복음이 어찌 세상에서 볼 때 부끄러운 일이라 조롱받지 않을 수 있겠냐는 말입니다.

당시 그리스도인들이 복음을 전할 때, 유대인들은 표적을 구했습니다. 그들은 예수님이 하나님의 아들이라는 분명한 이유를 보기 원했습니다. 그러나 그들은 예수님이 행하신 모든 표적을 표적으로 바라보지 못할 만큼 눈이 가려진 자들이었습니다. 이방인에게 복음을 전할 때도 마찬가지였습니다. 헬라인들은 지혜를 찾았습니다. 그 지혜는 결국 철학적 사고인데, 그들이 생각한 철학적 사고 속에서 메시아가 죽는다는 것은 불가능한 일이었던 것입니다. 메시아, 그리스도, 구주는 승리자가 되어야 하는데 예수님은 패배자로 끝난 모습이었던 것입니다. "패배자요 죽음에 삼킨 자가 어떻게 구주요 승리자로 신앙적 대상이 될 수 있겠는가?"라는 질문이 나오는 것입니다. 이방인이 보기에 복음은 미련한 것입니다.

그런데 사도 바울이 예수님이 죽음에 삼킨 것이 아니라 부활하셨다는 메시지를 전한 순간, 그 부활의 메시지가 모든 이방인에게는 해괴한 소리가 되고 맙니다. 그것은 그들의 철학으로는 받아들일 수 없는 소리입니다. 죽는 것도 받을 수 없는 일이요, 부활은 더구나 넌센스가 되는 것입니다. 그런 과정 속에서 예수 그리스도의 복음은 자랑스럽고 이치에 합당한 세계관을 열어준다고 인정받지 못했습니다.

오늘날도 마찬가지입니다. 오늘날에는 그리스도의 복음이 배타적이고 절대적인 선언을 한다며 배척을 받습니다. 현대의 세계관에 비추어 복음은 잘못된 주장에 불과합니다. 현대인들은 절대성을 주장하는 것을 인정하지 않습니다. 모든 것은 관점과 상황에 따라 상대적이라고 생각합니다. 이것은 오늘날 세속 문화가 보이는 소위 너그러운 아량입니다. 이러한 기준에 따라서 서로를 다 진리로 인정해주는 것이 오늘날의 고상한 철학이며 윤리가 됩니다. 누군가 나만 옳다고 주장하면, 그것은 최고의 사고 수준에 미치지 못한 아집과 독선으로 간주됩니다. 예수 그리스도의 복음 외에 다른 구원의 길은 없으며 그분만이 진리가 되신다는 사실 자체가 많은 이들에게는 독선과 아집이요 하류적 이해로 간주되어 버리는 것입니다. 이것이 우리가 사는 이 시대에 나타나는 문화적 현상입니다. 십자가에 대한 세상의 조롱은 그렇게 이어져 왔습니다. 그래서 고린도전서 1장 21-23절에서 말하는 것처럼 유대인은 표적을 구하고 헬라인은 지혜를 찾으나 우리는 십자가 복음을 전하니, 그것이 유대인에게는 거리끼는 것이요 헬라인에게는 미련한 것입니다.

복음을 부끄러워하지 않는다

"내가 복음을 부끄러워하지 아니하노니 이 복음은 모든 믿는 자에게 구원을 주시는 하나님의 능력이 됨이라 먼저는 유대인에게요 그리고 헬라인에게로다"(16절).

바울이 로마 교인들에게 서신을 보내면서 "나는 복음을 부끄러워하지 않는다"라고 말할 때, 그는 여러분이 이미 복음 안에서 열매를 맺어 그 믿음이 온 세상에 전파된 것이 너무 기쁘다고 말하는 문맥 안에서 "나는 복음을 부끄러워하지 않는다"고 말하는 것입니다. 이 말은 서로 위로하고 격려하는 아주 필요하고 적절한 표현이라 볼 수 있습니다. 당시 로마라는 그 도시가 이방세계에서 가장 중심인 세계라 생각하면, 그곳에 그리스도의 교회를 세웠다는 것이 어떠한 문화적 갈등과 충돌을 야기할지 생각할 수 있는데, "내가 복음을 부끄러워하지 않는다"는 바울의 이 선언은 로마 교인들에게 굉장한 위로와 힘이 됩니다.

그 말에는 세 가지 정도의 내용이 암시되어 있습니다. 첫 번째는 "로마 교인들이여, 복음을 부끄러워하는 일이 없어야겠소. 이미 그대들의 믿음이 온 교회에 알려져 있는데 그 믿음을 굳건히 지키시오"라는 당부입니다. 두 번째는 "로마 교회가 풍성히 맺는 복음의 열매로 인하여 세계에 흩어져 있는 보편 교회가 위로를 받기 바라오"라는 당부입니다. 세 번째는 "복음을 멸시하는 로마 같은 도시가 또 어디 있겠소? 그러나 그곳에서 십자가의 능력을 기꺼이 감당하시오. 그리고 같이 이 세상 속에서 복음의 증언자가 되어야 하오"라는 말입니다. 바울은 이 모든 뜻을 함축해서 "나는 복음을 부끄러워하지 않는다"라고 말한 것입니다. 그리고 이것이 상황적인 이유요 하나의 태도라면 신학적 이유도 있습니다.

왜 복음을 부끄러워하지 않는가? 그 다음 말씀에 그 이유가 나와 있습니다. "이 복음은 모든 믿는 자에게 구원을 주시는 하나님의 능력이 됨이니라." 복음을 부끄러워하지 않는 이유는 복음이 하나님의 능력이기 때문입니다. 복음이 하나님의 능력이니 어찌 부끄러워 할 수 있겠습니까? 복음을 부끄러워하는 것은 하나님을 부끄러워하는 것이요, 하나님의 능력 자체를 부끄러워하는 것입니다. 그렇다면 복음은 무엇을 행하는 하나님의 능력입니까? 본문은 "구원을 주시는 하나님의 능력"이라고 합니다. 세상은 구원을 구하지 않으니 복음 속에 있는 하나님의 능력이 멸시의 대상이요 무가치한 것이지만, 구원을 절실히 간구하는 사람에게는 복음이 구원을 주시는 하나님의 능력이 됩니다. 그 복음처럼 강력한 능력이요 위로의 힘이 되는 것은 없습니다. 여러분이 구하는 것이 무엇인지에 따라서, 복음은 소중하고 강력한 능력으로 다가올 수도 있고 무가치하며 조롱거리로 여겨지고 말 수도 있습니다.

선착순 100명에게 양은 냄비를 준다고 할 때 그것 하나 얻자고 밤새 줄 서 있을 사람이 몇 명이나 있겠습니까? 대부분 안 할 것입니다. 그러나 여러분이 가장 절실하게 필요로 하고 가장 귀하게 여기는 것을 주겠다고 하면 열심히 줄을 설 것입니다. 만일 어떤 병을 고칠 약이 딱 하나밖에 없다면 그것을 얻으려고 줄 서지 않겠느냐는 것입니다. 세상은 구원 자체에 아무 관심이 없는 사람들입니다. 세상은 육적인 안정과 평안 외에는 구원의 개념 자체를 모릅니다. 그래서 하나님을 모르니 하나님이 주시는 구원의 능력 자체에도 관심이 없고, 복음을 아무리 들어도 "너 제법 공부한 것 같은데 미쳤구나"라는 식으로 반응합니다. 하나님을 모르면 죄도 모르는 것입니다. 죄를 모르는데 구원이 무슨 소용이며 삶의 변화가 왜 필요하겠습니까? 양심의 적당한 반응 가운데 몸 편안하게 유복하고 여유롭게 사는 것 외에는 다른 소망이 없을 것입니다. 그러나 여러분은 구원을 구하는 사람이기 때문에 복음이 진실한 능력이요, 소망이 될 것입니다.

구원의 은혜

구원은 무엇입니까? 죄를 범하면 하나님께 그에 대한 책임을 받는데 그 모든 책임 추궁을 면제받는 것, 바로 그것이 '구원'입니다. 구원은 죄에 대한 책임을 추궁받는 일에서 면제받는 것뿐 아니라 마음의 부패한 더러운 생각과 욕망으로부터 깨끗이 씻겨집니다. 더럽지 않다고 생각하는 사람은 안 씻습니다. 더럽다고 인식하는 자체가 은혜입니다. 그래서 세상에 속한 사람은 이 은혜를 절대 알지 못합니다. 그러나 우리는 죄에 대한 책임 추궁을 면제받으면서 죄의 세력의 노예가 되지 않고 죄의 세력으로부터 해방됩니다. 그래서 죄의 책임을 추궁할 것이 아무것도 없는 의로운 자라 일컬음을 받는 것이 구원이요, 부패한 정욕과 더러운 욕망에서 깨끗함을 입어 거룩한 소망을 갖는 자로 마음 상태가 바뀌는 것이 구원이며, 죄의 권세와 세력에 질질 끌려갔던 사탄의 노예에서 성령의 소욕을 따라 살고자 하는 소망을 가진 자가 되는 것이 바로 구원입니다.

구원받은 우리는, 마귀의 노예로 이 세상에서 하나님을 모르고 그분으로부터 소외되고 분리된 자로 그분의 진노 아래 살다가 형벌을 받고 영원한 사망으로 들어가야 하는 그 상태에서 벗어나 하나님과 교통을 누리고 사귐을 누리게 됩니다. 말씀을 듣고 기뻐하고, 찬송과 기도 속에 감사가 있는 것입니다. 감각이 깨어서 인생을 사는 가운데 하나님의 사랑을 느끼는 것입니다. 그래서 우리 인생 속에서 굽이굽이 하나님의 손길이 닿는 것을 느끼고, 세상은 모르는 하나님의 사랑에 대한 고백과 감사가 나오는 것입니다. 남들과 다를 바 없는 수많은 사람 중 하나인데 하나님은 그 가운데서 우리를 구원받을 자로 택하여 부르셨습니다. 이러한 사람의 마음속 깊은 곳에는 주님의 은혜에 대한 감사가 충만하며, 이러한 감사는 신앙으로 이어집니다. 그것이 구원받은 사람의 목적이자 상태입니다. 그러다가 마침내 육신의 생명이 마치고 난 다음에 영원한 생명을 누리는 것입니다. 이것을 가리켜서 구원이라 합니다. 이런 구원을 누리는 은혜의 역사가 복음 아래 있습니다.

본문 16절은 "복음은 모든 믿는 자에게 구원을 주시는 하나님의 능력이 됨이라"라고 말합니다. 이 "모든 믿는 자"는 웨스트민스터 대요리문답 68문과 연결하여 볼 수 있습니다. "택함을 받은 사람들만 유효하게 부르심을 받습니까?" 어떤 이는 똑같이 선포된 말씀을 듣고도 한 귀로 듣고 한 귀로 흘려 말씀의 씨가 마음밭에 제대로 싹을 내질 못합니다. 중생의 은혜를 입지 못해 그런 것입니다. 중생의 은혜는 우리의 의식 차원에서 주어지는 것이 아닙니다. 그래서 우리는 언제 중생되었는지 알 수 없습니다. 성령 하나님이 비밀한 가운데 우리 안에서 역사하시기 때문입니다.

믿음의 가정에서 태어나 어려서부터 신앙생활을 했어도 듣는 말씀이 모두 도덕적 교훈이요, 그저 착하게 살라는 윤리적 설교로만 들릴 수 있습니다. "이 정도면 꽤 신앙생활을 잘해오지 않았는가"라는 생각이 자꾸 들고 설교에 짜증이 나는 것입니다. "지금까지 내가 종교인으로 신앙 안에서 반듯하게 큰 문제없이 살았는데 나는 왜 오늘도 목사님 앞에서 우리가 다 죄인이라는 말을 들어야 하는가"라고 생각하는 것입니다. 그런 생각을 갖고 있는 사람들은 여전히 말씀을 한 귀로 듣고 한 귀로 흘리는 것입니다.

그런데 그런 사람도 "내가 비로소 하나님을 만났습니다"라고 고백하며 간증할 때가 옵니다. 더 이상 복음을 매일 들으나 귓전에서 흘려버리지 않습니다. 그 복음이 마음속에 깊이 박힙니다. "하나님, 저는 정말 죄인이군요. 그리스도의 십자가만이 저의 생명입니다. 지금까지 저는 모든 설교를 윤리나 도덕 이야기로 들었습니다. 이제 제대로 설교를 하나님의 말씀으로 듣습니다."라고 고백하며 심령에 금이 가고 쪼개지면서 그 속에 빛이 들어옵니다. 그 순간 모든 종교적 교만과 자기 의가 산산조각이 나는 것입니다. 그때 비로소 믿음의 역사가 시작되고 "유효한 부르심을 받았다"고 말할 수 있는 것입니다. 신앙의 참된 열매를 맺는 부름을 그때 받는 것입니다.

어떻게 그 일이 벌어질까요? 이것은 성령 하나님의 은혜입니다. "모든 믿는 자에게 구원을 주시는 하나님의 능력이 된다"는 말씀처럼 능력을 체험하게 됩니다. 선택하신 자를 놓지 않고 붙드시는 하나님의 손길이 성도를 끝까지 믿음 안에서 인내하도록 붙들어줍니다. 이 은혜를 신학적으로는 '견인의 은혜'라 합니다. 그 은혜를 지나간 삶의 자취 속에서 느끼고 고백하게 되면서 주 안에 있는 자의 평안을 비로소 알게 되는 것입니다. 그런 모든 것은 하나님의 능력입니다.

그러니까 하나님의 능력은 산을 옮기고 큰 바위를 깨는 식의 위력이 아니라 성도의 마음속에 눈물을 흐르게 하시는 감동의 힘입니다. 잔잔하면서도 내 심령 안에 역사하시는 능력인 것입니다. 우주는 바뀌지 않는 것 같으나 하나님은 계속해서 새로운 세계를 만들어 가고 계십니다. 하나님의 능력은 영적으로 내 안에 역사하십니다.

이러한 능력을 행하시기 위하여 하나님은 신학적으로 '구속 언약'이라 부르는 일을 행하십니다. 곧, 성부 하나님은 세상을 만드시기 전에 성자 하나님과 서로 약속을 맺으셨습니다. 성부 하나님이 택한 백성을 구원하기 위해 성자 하나님이 인간이 되사 그 낮고 천한 상태로 내려오셔서 수난을 다 겪으시고 마침내 죽으심으로 죗값을 치르시는 것을 서로 동의하시고, 그 일을 이루어 가시는 놀라운 성령의 역사를 하나님은 실제로 이루셨습니다. 그리고 성자 하나님은 마침내 부활하시고 승천하사 오늘 우리를 불러내시는 성령 하나님이 내 안에 역사하시는 이 주관적인 역사를 이루시기 위해 지금도 하나님의 우편에서 중보의 역사를 이뤄가고 계십니다. 택한 백성을 하나도 잃어버리거나 놓치지 않고 다 구원하실 때까지 그 일은 계속됩니다. 이러한 하나님의 사역을 가리켜 '구속 언약'이라고 합니다.

그러면 하나님은 이 어마어마한 구속의 역사와 하나님의 능력을 무엇으로 드러내며 가르치고 전파하도록 하셨을까요? 그것이 바로 '복음'입니다. 설교를 듣는 자리는 아무것도 아닌 것처럼 보이지만 사실은 이 자리가 가능하기까지 하나님이 하신 일은 어마어마합니다. 성자 하나님이 사람이 되시고 죽으시고 부활하신 이 엄청난 일을 하나님이 행하셨고, 금광석처럼 단단한 우리의 심령을 깨서 우리의 사고를 완전히 바꾸어 버리는 일들을 행하셨기에 지금 이 모임과 시간이 가능해진 것입니다.

복음을 전하는 사역이 세상이 볼 때는 작은 일 같아 보이지만, 이는 하나님이 천하보다 귀한 한 영혼을 불러 자녀로 세우시기 위한 역사를 이루어 가시는 방식입니다. 예배 때 설교하는 것뿐 아니라 일대일로 사적인 복음을 전하는 것도 하나님이 사랑하시고 사용하시는 방편입니다. 주일학교 교사가 복음을 가르칠 때 아이들이 집중도 안 하고 산만하고, 안 듣는 것 같은 아이도 있어 낙심이 되고 속상하지만, 하나님은 그것을 통해 이 대역사를 이루어 가시고 그분의 능력을 나타내 보이십니다. 그러니까 우리 생각에는 보잘것없고, 기회도 없고, 결과가 없는 것 같은 순간들도 그것이 예수 그리스도의 복음을 입에 담아 의미를 전달하는 자리라면 그것은 분명 하나님이 사용하시는 방법입니다. 하나님은 그 방법만 선택하셨습니다. 그것 외에 다른 방법은 없습니다. 다시 말해, 소리 내어 의미를 전달하는 방법밖에는 없습니다.

그래서 이렇게 하시는 하나님의 능력이 세상이 보기에 미련한 것입니다. 그러나 "뭐 그렇게 한다고 되겠나?" 싶은 방법으로 하나님은 그분의 백성을 구원하는 역사를 행하십니다. 복음을 전하는 방법이 미비해 보이고 효과가 눈에 띄게 보이지 않아도 그 복음만이 구원을 주시는 하나님의 능력이 됩니다. 믿지 않는 자들에게 복음은 그저 죽음의 냄새일 뿐입니다. 사망에 이르는 냄새가 고린도후서 2장 16절에 이렇게 표현되어 있습니다.

> "이 사람에게는 사망으로부터 사망에 이르는 냄새요 저 사람에게는 생명으로부터 생명에 이르는 냄새라 누가 이 일을 감당하리요."

왜 그 사람들에게는 복음이 사망으로부터 사망에 이르는 냄새일까요? 그들이 본래 죽은 자이기 때문입니다. 본래 죽은 자들에게 그리스도의 복음은 영원한 죽음을 선언하는 그런 메시지일 뿐입니다.

율법은 세 가지 용도로 쓰이는데, 불신자들에게는 율법이 영원한 사망의 선고를 내리는 근거로 사용됩니다. 영원한 정죄의 용도가 믿지 않는 자들에게는 주어집니다. 반면 믿는 우리들에게 복음은 생명으로부터 생명에 이르는 향기입니다. 복음을 믿는 우리에게는 절대로 율법이 영원한 정죄의 근거로서 그 기능을 발휘할 수 없기 때문입니다.

시대적 우선성

"먼저는 유대인이요 그리고 헬라인에게라"라는 말은, 복음이 차별이 없다는 뜻입니다. 여기서 헬라인은 모든 이방인을 대표합니다. 복음은 온 인류를 보편적 대상으로 삼고 있습니다. 하나님이 택하신 백성은 온 인류에, 모든 시대와 지역 속에 흩어져 있습니다. 하나님이 그들을 택하여 불러내시는 것이요, 찾아내시는 것입니다. 그러니까 복음을 전했을 때 누가 복음에 반응하겠는가는 우리의 소관이 아닙니다. 우리가 걱정할 바가 아닌 것입니다. 하나님이 택하신 백성은 반응을 보일 것입니다.

이렇게 복음이 유대인과 헬라인에게 차별이 없다고 말씀하면서, 본문에서 먼저는 유대인이요 그 다음에 헬라인이라고 순서를 정해놓은 것은 '우선성' 때문입니다. 우선순위가 유대인에게 있는 것은 사실입니다. 구원역사의 경륜 자체가 아브라함의 혈통을 따라 하나님이 은혜 언약을 베푸시고, 그 은혜 언약에 따라 오실 예수 그리스도의 그림자요 모형이요 약속이 먼저 유대인에게 주어진 것입니다. 그리고 실체가 오심으로 모든 인류에게 다 전파되었습니다. 따라서 복음에 대한 신약적 이해는 구약을 통해 확인하고 풀어 가게 되어 있습니다. 그래서 산상수훈의 팔복도 구약이 없으면 절대로 이해하지 못합니다.

팔복은 윤리적인 측면에서 말하는 여덟 가지 최고의 선이 아닙니다. 예를 들어 "심령이 가난한 자는 복이 있나니 천국이 그들의 것임이요"라는 말씀은 법정스님 같은 분도 말할 수 있는 무소유의 빈 마음을 말하는 것이 아닙니다. 심령이 가난하다는 것이 가르치는 것은 시편이나 이사야에서 말씀하는 것처럼 통회하고 자복하며, 자신의 의가 없는 상태에 대해 절절하게 절규하는 자기 비움인 것입니다. 즉, 하나님 앞에서 중생자라는 깨달음으로 토설하게 되는, 죄에 대한 철저한 고백입니다. 그 속에서 비로소 가난한 심정, 가난한 마음, 심령의 가난함이 나옵니다. 그러니까 이 세상을 살면서 물욕 없이 일정한 수준에서 감사하며 마음을 비우며 사는 무소유의 마음은 이 말씀에서 말하는 가난한 마음이 아닙니다.

주님이 하신 모든 말씀은 구약이 없으면 해석이 안 됩니다. 그런 의미에서 "구약이 우선성을 갖는다"는 말은 '시대적 우선성'을 뜻합니다. 실체적 우선성은 복음 자체입니다. 예수님이 있으시지만 시대적 우선성으로 볼 때는 구약이 앞서기 때문에 똑같은 구원의 복음이지만 "먼저는 유대인이요 그리고 헬라인에게로다"라고 기술되어 있는 것입니다. 그러나 그 우선성을 두고 "유대인에게는 구원의 길이 우리와는 다른 방식이 주어졌다"고 생각하는 것은 아주 잘못된 것입니다. "유대인에게는 혈통에 따라 약속에 의해 구원이 이루어졌고 이방인은 믿음으로 인해 구원이 이루어지므로 유대인과 이방인은 각각 구원에 이르는 방식이 다르다"라고 말하는 것도 세대주의적 아주 큰 과오를 범하는 것입니다. 물론 세대주의도 혈통에 따른 구원의 근원이 예수 그리스도의 십자가 복음이라 말하지만, 믿음의 방식으로 십자가의 접촉을 받는 것이냐 아니면 혈통에 대한 구약 언약 안에서 십자가가 연결되는 것이냐는 해석이 달라지는 것입니다. 분명한 것은 어떠한 이유든 오직 믿음 외에는 그리스도의 십자가에 접붙임을 받는 다른 방법이 없습니다.

복음에 나타난 하나님의 의

"복음에는 하나님의 의가 나타나서 믿음으로 믿음에 이르게 하나니 기록
된 바 오직 의인은 믿음으로 말미암아 살리라 함과 같으니라"(17절).

17절은 왜 복음이 모든 믿는 자에게 구원을 주시는 하나님의 능
력이 되는지 설명하는 구절입니다. 16절에서 복음은 모든 믿는 자에
게 구원을 주시는 하나님의 능력이라 했고, 17절에서 복음에는 하나
님의 의가 나타나서 믿음으로 믿음에 이르게 한다고 말합니다. 이는
"복음에는 하나님의 의가 나타나는데 그 하나님의 의는 믿음으로 갖
는 것입니다"라고 말하며, 구원을 주시는 하나님의 능력에 대한 구체
적이고 적절한 설명을 풀어주고 있습니다.

17절에 '복음에 나타난 하나님의 의'는 무엇입니까? 이것은 아주
의미심장합니다. 17절은 종교개혁의 시초가 되는 하나의 해석을 지
원합니다. 루터는 '하나님의 의'가 너무 두려웠습니다. '의'는 공의,
정의, 옳고 그름을 구분하는 기준이 됩니다. 법정 판단 속에서 '의'가
죄인인가 아닌가를 결정하는 법적 기준이 되듯이, 루터는 자신이 '하
나님의 의' 앞에서 죄인일 수밖에 없기에 자신을 하나님의 보복적 공
의요, 심판적 공의의 대상으로 생각하지 않을 수가 없었습니다.

"예수 그리스도의 복음 안에 하나님이 심판하시는 보복적 의요,
심판적 의가 드러난다면 내가 살길은 어디 있는 것인가. 내가 살고자
하여 로마 가톨릭에서 말하는 대로 내 안에 주입된 의, 곧 내 안에 주

어진 성령의 은혜를 능력으로 삼아 순종함으로 의의 열매를 맺어 '하나님의 의' 앞에 의롭다 함을 받으리라 믿고 바랬으나 아무런 소용이 없었다. 예수를 믿음으로 주어진 능력으로 애써 율법을 행해도 나는 '하나님의 의' 앞에 의롭다 함을 받을 만한 의를 이룰 수 없다." 이 사실에 대한 자각이 루터를 괴롭혔던 것입니다. 그리고 이것이 루터가 내린 결론이었습니다. "고행하며 할 수 있는 모든 일을 했지만 예수를 믿어 내게 주어진 성령의 능력으로 힘써 순종하여 얻은 나의 의는 하나님의 절대 의 앞에서 심판받을 뿐이라는 정죄 외에는 다른 결론을 가질 수 없다."

그런데 하나님의 은혜로 루터는 오늘 본문에서 새로운 빛을 보게 됩니다. 어느 날, 똑같이 읽었던 성경이 갑자기 다르게 해석되는 것입니다. "예수 그리스도 복음 안에 나타난 하나님 의가 도대체 무엇인가? 이것은 구원을 받기 위한 전제가 아닌가? 이것은 의로운 자가 되어 하나님의 절대 의 앞에서 인정받는 의인이 되어야 한다는 뜻이 아니지 않은가? 내가 지금까지 왜 그렇게 생각했지?"라고 생각이 바뀌었습니다.

루터가 새롭게 해석한 것은 '하나님의 의'입니다. 첫 번째, 복음 안에 하나님이 의롭다고 인정하시는 의가 있다는 것을 깨닫습니다. "복음에는 하나님의 의가 나타나서"라는 말을 "아! 복음 안에는 하나님이 의롭다고 하실 만한 의가 있다는 것이구나. 그렇다면 이미 복음 안에 그 의가 있다는 것인데"라고 깨달은 것입니다. 그러면 그것이 무엇일까요? 두 번째, 그 의는 하나님이 주시는 의임을 깨달았습니다. 하나님이 나에게 있는 의를 보고 의롭다고 인정하시는 것이 아니라, 복음 안에 이미 그분이 인정하시는 의가 있고 그 의는 하나님이 주시는 것임을 알게 된 것입니다. 그러면 그 의는 하나님이 어떻게 주시는 의인가요? 세 번째, 예수 그리스도 복음의 의임을 깨달았습니다. 예수 그리스도의 복음 안에 담긴 하나님의 의는 이미 복음 안에 담긴 의이므로 하나님이 그리스도로 말미암아 내게 주시는 것이라고 해석한 것입니다.

그리고 이런 사실이 종교개혁에 기치를 올리는 구원론의 핵심 기반이 되었습니다. 나 자신이 만들어 가는 나의 의가 아니요, 하나님께서 주시는 하나님의 의라는 사실이 중요합니다. "하나님이 주시는 의냐, 내가 요구하는 나의 의냐"라는 대조로 뚜렷하게 구분하게 된 것입니다. 예수 그리스도를 죽여야겠다고 했던 사도 바울이 예수 그리스도의 종으로 바뀌게 된 그 신학적 이해의 변화가 반영되어 있는 말씀, 빌립보서 3장 8-9절을 보겠습니다.

"또한 모든 것을 해로 여김은 내 주 그리스도 예수를 아는 지식이 가장 고상하기 때문이라 내가 그를 위하여 모든 것을 잃어버리고 배설물로 여김은 그리스도를 얻고 그 안에서 발견되려 함이니 내가 가진 의는 율법에서 난 것이 아니요 오직 그리스도를 믿음으로 말미암은 것이니 곧 믿음으로 하나님께로부터 난 의라."

마지막 구절에 "믿음으로 하나님께로부터 난 의"는 예수 그리스도를 믿음으로 말미암은 것이라 나옵니다. 이 내용이 로마서 1장 17절입니다. 복음 안에 하나님의 의가 나타났으니 그것은 율법에서 얻은 나의 의를 내놓고 하나님께 인정받는 그 의가 아니라, 하나님이 주시는 의라는 사실을 바울이 깨달은 것입니다. 바울은 하나님이 그것을 예수 그리스도로 말미암아 주시는 것임을 깨달은 순간에 그가 아는 모든 것은 다 배설물이요 예수 그리스도를 아는 지식만 고상하다는 것을 깨닫고, 자기의 모든 것을 버리고 자기 생명을 다하여 그리스도의 복음의 사자가 되었습니다.

바울은 그리스도의 복음을 발견한 것입니다. 그리고 바울이 발견한 것을 루터가 로마서를 통해 자기의 실존 안에서 바르게 본 것입니다. 복음 안에 있는 하나님께로부터 나오는 의요, 그리스도 안에서 하나님이 주시는 의는 어떻게 받는 것인가요? 그것은 "믿음으로 믿음에 이르게 하나니"라는 말씀으로 이어져 풀이가 됩니다. "믿음으로 믿음에 이르게 하나니"라는 말은 '오직 믿음으로'라고 해석하면 됩니다. "이르게 하나니"라는 말은 본래 원문에 없는데 우리가 의역해서 붙여놓은 것입니다. 그런데 이 말 때문에 그 구절이 불완전한 문장이 됩니다. 왜 그러한지 살펴보겠습니다. "복음에는 하나님의 의가 나타나서"는 이렇게 한 문장입니다. 그 다음에 "믿음으로 믿음에 이르게 하나니"라는 문장이 나오는데, 이것은 문장이 불완전합니다. 그래서 우리가 무의식적으로 "이르게 하나니"를 보며 믿음으로 믿음에 이르러서 하나님의 의에 이르게 된다고 해석하는 것입니다.

17절에서 원문에 없는 이르게 한다는 말을 빼면 남는 단어는 '복음에는, 하나님의 의, 나타난다, 믿음에서 믿음으로'입니다. 이것들을 연결하면 어떤 말이 됩니까? "복음에는 믿음으로 시작해서 믿음으로 귀결되는 것을 통해 하나님의 의가 나타납니다." 즉, 복음에는 하나님의 의가 나타납니다. 그럼 복음에 있는 하나님의 의가 어떻게 나타납니까? 믿음으로 시작해서 믿음으로 결론 맺는 과정을 통해 나타납니다. 즉, 복음 안에서 하나님이 그리스도로 말미암아 주시는 의는 오직 믿음을 통해서만 나타납니다. 칼빈은 이 내용을 보며 앞의 믿음은 시작하는 믿음이요, 뒤에 나오는 마지막 믿음은 성숙하고 더 진보된 믿음이라 해석했습니다. 그러나 중요한 것은 시작하는 믿음이든 성숙한 믿음이든, 하나님이 우리에게 예수 그리스도로 말미암아 주시는 의는 믿음으로 받을 뿐이라는 사실입니다.

믿음으로 주시는 그 의를 받아서 죄에서 구원을 받아 오염된 상태에서 거룩의 상태로 옮겨지는 것입니다. "성숙한 신자는 더 이상 믿음으로 의롭다 함을 받지 않고 자기의 성숙한 신앙으로 의롭다 함을 받는다. 그러나 초보 신앙인은 믿음으로 의롭다 함을 받는다."라는 말은 결코 사실이 아닙니다. 처음 믿는 사람이나 성숙한 신자나 바울 같은 자나 베드로 같은 자나 모든 이는 오직 주께 엎드려 주가 주시는 의를 그저 전가받는 것으로 의로워집니다. 즉, 믿음으로 복음에 나타난 의를 받아가는 방식입니다.

17절을 다시 풀어쓰면 이렇게 됩니다. "복음에는 구원에 이르는 토대가 되는, 하나님이 선물로 주시는 예수 그리스도의 의가 있다. 이 의는 처음에 믿음으로 나타나며, 시간이 지나면서 하나님의 은혜의 선물임을 더 깊이 깨닫게 되고, 여전히 믿음으로 나타나는 의이다." 사도 바울은 바로 이 점을 논증하기 위해 하박국서 2장 4절을 끌어당겨 "오직 의인은 믿음으로 말미암아 살리라"라는 표현을 붙여놓았습니다. 하나님 앞에서 의로운 자는 누구인가요? 하나님을 전적으로 신뢰하며 믿음으로 사는 자가 바로 하나님 앞에서 의로운 자입니다. 이때 믿음은 하나님이 주신 약속에 대한 전적인 신뢰입니다. 값없이 선물로 주신 예수 그리스도의 의의 약속을 그대로 믿고 나아가는 전적인 신뢰, 곧 자기를 부정하고 하나님 약속을 신뢰하는 것입니다.

여러분 중에도 "하나님의 약속을 누가 안 믿겠나"라고 생각하는 이가 있을 것입니다. 하나님의 약속을 믿으려면 한 가지 절대조건이 있습니다. 자기를 신뢰하지 않아야만 하나님을 믿을 수 있습니다. 자기를 신뢰하는 사람은 절대로 하나님을 신뢰하지 못합니다. 실제로 많은 사람들이 "나를 믿지! 하나님을 믿나?"라고 여깁니다. 둘 중 하나인 것입니다. 하나님을 신뢰하는 자는 자기를 부정합니다. 그러나 자기를 믿는 사람은 하나님을 믿지 않습니다. 의인은 하나님과 값없이 주신 예수 그리스도의 의의 약속을 믿고 신뢰함으로 율법으로 사는 자기의 의를 다 배설물로 여기고 자기를 부정합니다. 오직 하나님께로부터 나오는 의를 믿으면 된다는 그 약속을 믿고 나갑니다. 하박국서에 나와 있는 "의인은 믿음으로 말미암아 살리라"라는 말은 배경과 상황은 다르지만 원리는 같습니다. 하나님만 신뢰하고 그분의 약속을 의지하는 자는 산다는 것입니다. 사도 바울은 본문을 통해 그리스도 안에서 주시는 복음의 약속을 굳게 믿은 것입니다.

오늘 본문의 핵심은 "하나님은 우리의 구원이시다"라는 사실입니다. 그리고 그 구원의 하나님은 오직 믿음으로 붙들 수 있습니다. 그러므로 그분이 우리의 구원의 능력이 되신다는 것이 요점입니다. 이사야 12장 1-3절이 같은 내용을 말해줍니다.

"그 날에 네가 말하기를 여호와여 주께서 전에는 내게 노하셨사오나 이제는 주의 진노가 돌아섰고 또 주께서 나를 안위하시오니 내가 주께 감사하겠나이다 할 것이니라 보라 하나님은 나의 구원이시라 내가 신뢰하고 두려움이 없으리니 주 여호와는 나의 힘이시며 나의 노래시며 나의 구원이심이라 그러므로 너희가 기쁨으로 구원의 우물들에서 물을 길으리로다."

너무 복된 말씀입니다. 그런데 이 말씀이 어찌 로마서나 갈라디아서에 있지 않고 이사야서에 있을까요? 구약의 선지서 속에 예수님의 복음이 담겨 있기 때문입니다. 이처럼 신구약 말씀이 오직 그리스도를 가리키고 있음을 생각하고 주 앞에 믿음으로 나가는 여러분이 되기를 주의 이름으로 축복합니다.

5. 하나님의 진노 : 핑계하지 못할지니라

하나님의 진노가 불의로 진리를 막는 사람들의 모든 경건하지 않음과 불의에 대하여 하늘로부터 나타나나니, 이는 하나님을 알 만한 것이 그들 속에 보임이라. 하나님께서 이를 그들에게 보이셨느니라. 창세로부터 그의 보이지 아니하는 것들 곧 그의 영원하신 능력과 신성이 그가 만드신 만물에 분명히 보여 알려졌나니, 그러므로 그들이 핑계하지 못할지니라. 하나님을 알되 하나님을 영화롭게도 아니하며 감사하지도 아니하고 오히려 그 생각이 허망하여지며 미련한 마음이 어두워졌나니, 스스로 지혜 있다 하나 어리석게 되어 썩어지지 아니하는 하나님의 영광을 썩어질 사람과 새와 짐승과 기어다니는 동물 모양의 우상으로 바꾸었느니라. 로마서 1:18-23

기독교의 절대 진리에 대한 반론들

왜 예수 그리스도의 복음만이 유일한 구원의 길입니까? 지독할 정도로 편협하지 않습니까? 지나치게 독선적이며 도무지 타협할 길이 없는 이 기독교 교인들이야말로 세상에 평안과 안정과 화목을 해치는 존재라는 식의 평가는 역사 속에서 항상 있어 왔습니다. 새로운 비방이 아니고 항상 그러했습니다. 그 이유가 무엇입니까? 도대체 왜 우리는 그렇게 믿는 것입니까?

기독교의 절대 진리에 대한 주장을 반대하는 논리 중 하나가 산 정상에 이르는 길은 여러 갈래라는 비유입니다. 그중 한 갈래가 기독교라면 다른 갈래인 각각의 종교도 그 길을 알려주는 것인데 어찌하여 기독교는 자신들만 정상에 이르는 유일한 길이라고 주장하느냐 따집니다. 답변하기가 참 난처한 문제입니다. 실제로 산 정상에 이르는 길은 여러 갈래가 있고 그런 당연한 이치를 들어서 따져드니 답이

궁색해지는 것입니다.

또 흔히 드는 예 중 하나가 장님이 코끼리를 만지고 코끼리를 묘사하는 비유입니다. 장님이 귀를 만지면 코끼리가 펄럭거리는 넙죽한 귀처럼 생겼다 하고, 꼬리를 만지면 코끼리가 뱀 같이 생겼다 하고, 다리를 만지면 코끼리가 커다란 기둥과 같다 하고, 배를 만지면 코끼리가 넙적한 하마 같다고 할 텐데 장님이 일부만 만지고 그가 이해하고 경험한 범위 내에서 코끼리를 설명한 것은 온전한 것이 아니라는 것입니다. 그러므로 각 종교는 상대적 의미에서 부분적 진리를 담고 있지만 어느 것도 절대적이라고 말할 수는 없다고 주장합니다. 모든 종교가 다 그런 것이라는 논리로 헤아려본다면 서로의 한계를 인정할 것이요, 각각의 종교 아래에 있는 나름의 계시성 혹은 진리성을 인정하고 평화롭게 지내야 할 것인데 유독 기독교는 자신들만 진리를 안다고 주장하니 이게 말이 되느냐고 비판하는 것입니다.

여러분이 살면서 이런 반론을 안 들어봤다면 둘 중 하나입니다. 너무 예수님을 잘 믿는 사람들만 벗 삼아 지내며 곱게 자랐거나 안 믿는 사람에게 복음을 전해본 적이 없기 때문에 그런 것입니다. 복음을 전하면 그런 반론을 듣기 마련입니다. 그러나 그런 반론은 다 잘못된 것입니다. 정상에 이르는 길이 다양하니 기독교도 그중 하나라는 설명, 코끼리를 만진 장님이 일부만 알고 전체를 모르는 것처럼 누구도 다 상대적 진리만 갖고 있을 뿐이라는 이 반론은 그럴싸하지만 사실은 자기모순을 갖고 있습니다. 성립되지 않는 전제 위에 서 있는 반론인 것입니다. 쉽게 말해서 "그것을 어떻게 알아?" 이 한마디로 논리가 그냥 무너지는 반론입니다.

"산의 정상을 향해 가는데 이 길도 정상, 저 길도 정상이라 해서 당신이 한 길을 선택해서 가는데 그 길이 당신을 정상에 이르게 할지, 절벽을 만나서 떨어져 죽게 할지 어떻게 아느냐?", "당신이 코끼리 꼬리만 만지고 코끼리를 뱀과 같다고 주장한다고 해서 그게 맞는지 틀렸는지 어떻게 판단하느냐?" 이렇게 말할 수 있는 것입니다. 결국 전체를 보는 사람만 그 진리와 주장의 옳고 그름을 판단할 수 있습니다. 정상에 오른 사람만이 정상에 오르는 길이 어떤 것인지를 말할 수 있는 권위를 가집니다. 따라서 "당신은 진짜 정상에 이르렀느냐?"라고 되묻는 것입니다. 정상에 이르는 것은 무엇이겠습니까? 구원이라면 죽었다 살아나야 되는 것 아니겠습니까? "당신이 죽음 외에 사후세계를 경험하고 하나님의 심판을 경험한 다음에 와서 하는 말이냐? 당신이 생명이 어디로부터 왔고 어디서 끝나는지 그 모든 걸 아느냐? 이 우주의 시작과 끝을 다 경험하고 하는 말이냐?" 이렇게 물을 수 있는 것입니다.

그래서 이렇게 물을 수 있습니다. "정상에 이르는 길이 여러 갈래라는 어마어마한 주장을 어떻게 무슨 근거로 하는가?" 그 주장은 근거가 없고 상대주의라는 나름의 철학적 전제일 뿐입니다. 그들은 그저 그렇게 주장할 따름입니다. 아무도 인생을 다 살기 전에는 자기 인생의 시작과 끝을 미리 알 수 없고, 우리가 사는 이 우주의 시작과 끝을 미리 아는 자도 없습니다. 따라서 정상에 이르는 길이 여러 갈래라는 말이 맞다는 논리 자체가 맞는지를 설명할 수 없는 것입니다.

모든 종교가 부분적인 진리를 갖고 있다는 이 주장 자체가 옳은 명제라는 것을 판단할 권위가 아무에게도 없는 것입니다. 그래서 상대주의는 그런 주장 자체의 절대성을 말할 만한 권위를 입증하지 않는한, 성립되지 않는 것입니다. 결국 이러한 상대주의는 각 종교가 부분적으로 진리를 담고 있는 하나의 신념 체계이며 세계관일 뿐입니다.

그러나 이러한 상대주의적 주장과 달리 시작과 끝은 오직 하나님 한 분이요, 참된 진리는 창조주 하나님이 주신 계시의 뜻 가운데서만 분별할 따름입니다. "코끼리가 뱀과 같다는 주장은 잘못된 것이다"라고 말할 수 있는 사람은 코끼리 전체를 다 본 사람뿐입니다. 그러므로 그러한 반론의 주장은 "당신이 그걸 어떻게 아는가?"라는 그한마디로 다 잠재울 수 있습니다. "결국 당신이 그렇게 믿는다면 다원주의를 믿고 가는 것이요, 다종교의 진리 사회를 믿는 것이요, 상대주의를 믿는 것이다. 그러나 나는 이 세상을 만드신 하나님이 계신다고 믿는다. 하나님이 우리에게 창조세계의 시작과 종말을 말씀하셨다. 따라서 우리가 살아가면서 겪는 이 현상이 왜 이렇게 벌어지는지에 대한 근원적인 이유와 처방과 궁극적인 귀결이 무엇인지에 대한 뜻이 있다고 믿는다. 그리고 그것은 성경에 있다." 그래서 성경을 읽어가는 가운데 그 모든 답을 찾아가는 것입니다. 그 가운데 확신이 생기고 보이지 않는 세계에 대한 믿음 안에서 그 진리를 받아들이고 우리가 살아가는 이 세상의 시작과 끝을 거시적으로 보면서 그 가운데 살아가는 나의 인생을 해석하고 경건한 삶을 이루어가게 됩니다.

이것이 진리라는 사실을 어떻게 압니까? 내 마음속에 역사하는 진리에 대한 확신으로 압니다. 이것은 믿음의 신비입니다. 믿고 나니 내 마음속에 부인할 수 없는 확정된 사실에 대한 감동과 확신이 주어집니다. 이 확신은 사실 성령에 의한 역사입니다. 나의 의지와 이성을 통한 확신이요, 심리적인 강한 이끌림에 의하여 그냥 하나님 앞에 엎드릴 수밖에 없는 것입니다. 내가 짐승과 같아서 이치를 깨닫지 못해 입을 놀렸을 뿐, 이 모든 나의 무지는 죄에서 왔다는 사실을 깨닫게 되는 것입니다. 하나님이 우리에게 보이셨으나 보이신 것을 바로 알지 못하는 인식의 부작용이 모두 죄 때문이었습니다. 그렇게 알게 되면서 하나님 앞에서 선과 악에 대한 분별이 생기고, 죄와 의가 무엇인지 분별할 수 있는 놀라운 일이 벌어지는 것입니다. 신앙을 갖기 전에 우리는 사실 늘 윤리와 양심이라는 개인적 차원에서 판단해 왔습니다. 또 이와 반대로 다수의 이익을 위해 개인이 손해 보는 것이 더 이롭다는 공리주의적인 주장을 개진해 왔을 것입니다. 그러나 어떠한 주장이든 그것들은 윤리적 선행의 절대적 근거가 될 수 없습니다. 어떤 것이 우리에게 절대를 말할 수 있겠습니까?

그런데 내 안에 가치관이 바뀐 것입니다. 두려움과 떨림이 있습니다. 내가 다른 사람들에게 해를 끼치지 않는 한, 내가 좋으면 좋은 것이라는 생각을 더 이상 못하게 된 것입니다. "내가 동성애 행위를 한다고 무엇이 문제인가? 이 사회에 내가 피해를 끼친 것이 무엇이 있는가? 두 사람의 관계일 뿐인데." 이것이 동성애를 지지하는 근거입니다. "두 사람의 동성애 행위가 도대체 이 사회에 무슨 악이 되느냐? 사회에 해를 끼치는 것만이 법으로 금할 수 있는 것인데 동성애 행위가 도대체 왜 죄인가? 동성애는 잘못이 없다." 한편 그것은 자연적, 성애적 감정인데 어떻게 그것을 금할 수 있겠느냐고 합니다. 이 자연적, 성애적 감정은 이 자연 안에서 선악을 판단할 수 없다는 탈윤리적 기초를 갖는 것입니다. 물리화학적, 생리적 작용으로 어떻게 선악을 가리겠습니까? 예를 들어 음식을 먹고 변을 봐야 하는 과정은 자연스러운 일이요 선악과 윤리의 문제가 아니지 않습니까? 그러니까 이 성애적 측면을 자연적 현상으로 환원하면 윤리 문제가 아닌 게 되고, 그 행위 자체가 사회적으로 악을 끼치면 개인 윤리로는 문제가 없지만 사회 윤리상 문제가 있다고 말할 수 있습니다. 그래서 보편적 인류애에서 소수의 인권을 보호한다는 대의에 합당한 것이 되니까 보호해줘야 되는 것이 맞다는 주장이 나오는 것입니다. 그러나 동성애가 자연적 성애 현상이라는 주장은 과학적이지 않습니다. 자기 합리화를 위한 근거 없는 변명일 뿐입니다.

이 해석의 흐름 속에는 무엇이 있습니까? 인간의 상대주의가 있습니다. 하나님이 인간 사이의 성애적 관계를 이성 간에 두도록 정하신 까닭은 무엇입니까? 혼인 규례를 두신 까닭은 도대체 무엇입니까? 그것은 하나님이 우리에게 주신 삶의 규범입니다. 그 규범에 따라 사회가 구성되며, 그 사회가 질서 있게 움직이도록 사회는 개인을 가르치고 개인은 그것을 배워 지켜가면서 하나님이 정하신 사회의 질서가 일정하게 유지됩니다. 그런데 하나님이 세우신 이 사회 질서의 권위적 기초가 다 무너지고 새로운 해석이 나오면서 오늘날의 형태까지 이르게 되었습니다.

우리에게는 '성경'이 마땅히 해야 할 것과 구원의 길을 말해주는 유일한 기초입니다. 따라서 기독교인이 된다는 것은 성경만이 하나님의 말씀이며 절대규범이라는 사실을 알고 확실한 믿음 위에서 기독교인의 신앙의 모든 것을 세워가는 것입니다. 성경을 임의로 해석하거나 다른 가치로 재해석해 버린다면, 그것은 철학이 성경을 지배하는 것이고 인간이 원하는 대로 성경을 풀어가는 것이니, 말씀의 권위가 무너지게 됩니다. 본문은 왜 예수 그리스도의 복음만이 구원에 이르는 길인지 풀어줍니다.

누구도 핑계할 수 없다

사도 바울은 그 부분에 대해 로마서 1절 18절 이하부터 계속해서 여러 가지 측면에서 논증하고, 복음이 복음인 이유를 깨닫게 해줍니다. 복음을 믿는 자들에게 제한적으로 하나님이 자기의 뜻을 밝히시는 구원의 길을 '특별계시'라고 말합니다. 그런데 이 특별계시 외에 복음을 믿지 않는 사람이라도 그들이 하나님을 알 수 있도록 주신 계시가 있으니, 그것을 가리켜서 '일반계시'라고 합니다. 일반계시 차원에서 하나님이 모든 사람에게 그분 자신을 알리신 내용 속에는 구원의 길이 없습니까? 만일 모든 일반 사람에게 알려준 하나님의 지식 가운데에도 구원의 길이 있다면, 예수 그리스도의 복음을 모르는 사람에게도 구원이 있을 수 있을 텐데 과연 그런지를 묻는 것입니다. 택한 백성, 언약 백성이 아니라도 모든 일반 사람에게 주님이 자신에 대해 알리신 내용은 무엇이며, 그들은 그것을 어떻게 이해하고 있으며, 그로 인해 어떠한 결과가 나타났고, 그로써 그들에게도 구원의 길이 있는지 살펴볼 필요가 있습니다. 로마서 1장은 그 부분을 설명하는 것입니다. 16절을 보겠습니다.

> "내가 복음을 부끄러워하지 아니하노니 이 복음은 모든 믿는 자에게 구원을 주시는 하나님의 능력이 됨이라"(16절).

17절에는 "믿는 자에게 구원이 있다"고 나오고, 이 구원은 믿음에서 믿음으로 나는 의니 곧 예수 그리스도의 복음이라고 말합니다. 그리고 2절에 보니 이 복음은 "그의 아들에 관하여 성경에 미리 약속하신 것"이라고 말합니다. 따라서 성경 외에는 복음이 없는 것이요, 특별계시 외에는 구원의 길이 없다고 선언해 놓았습니다. 그리고 이제 일반계시 안에서는 하나님이 알리신 내용이 어떻게 구원의 길과 연결될 수 없는지를 논증합니다. 그 앞에서 특별계시에만 구원의 길이 있다고 말했는데 과연 18절에는 어떤 내용이 나오는지 보겠습니다.

> "하나님의 진노가 불의로 진리를 막는 사람들의 모든 경건하지 않음과 불의에 대하여 하늘로부터 나타나나니"(18절).

성경은 이 세상이 하나님의 심판 아래에 있다고 선언합니다. 그 이유는 사람들이 진리를 막고 불경건과 불의를 행하고 있기 때문입니다. 그것은 과거의 어느 한 시점의 일이 아니라 사람들이 지속적으로 죄를 범하고 있다는 것을 의미합니다. 그래서 하나님의 진노가 하늘로부터 여전히 나타나고 있다고 말합니다. 하나님의 진노가 타락 이후부터 지금까지 계속해서 나타나고 있습니다. 하나님의 진리는, 결국 하나님이 모든 사람에게 보이신 주님의 계시입니다. 그러나 진리를 막는 자들은 모든 불경건과 불의로 대항하고 있습니다. 우리는 불경건을 대개 종교적인 측면의 뜻으로, 불의를 대개 윤리적이고 도덕적인 측면의 뜻으로 구별해 이해하지만 이 둘은 결국 하나입니다. 하나님 안에서의 경건적 불순종은 도덕적 불순종과 같기 때문입니다. 종교적 의와 도덕적 의가 하나님 안에서는 결국 하나의 기준으로 모아집니다.

그러니까 십계명은 신자들에게만 주어진 경건의 의무인 것 같지만 동시에 모든 인류가 마땅히 지켜야 될 보편적 규범으로 작용하고 있는 것입니다. 즉, 십계명은 아주 특수한 의미의 종교적 율례가 아닙니다. 십계명은 누구나 마땅히 지키고 살아야 하는 규범으로써 인간이 부패한 죄인임을 드러냅니다. 인간은 하나님의 피조물로서 모두 하나님만 섬기고 살아야 될 존재들입니다. 하나님을 안다고 하는 기독교인들만 하나님을 예배하고 살아야 할 의무를 받고 있는 것이 아니라, 모든 사람이라면 마땅히 그렇게 해야 합니다. 따라서 제1계명에 불순종하는 것은 훗날에 불경건한 모든 자가 영원한 불못에 던

저질 심판 때에 정죄의 근거로 작용합니다. 그들은 하나님을 예배하지 않았으므로 영원한 심판 아래 놓일 것입니다. 그때 하나님을 알지 못했다고 변명할 수 없습니다.

본문에 그 사실이 이어져 나옵니다. 하나님의 진노가 하늘로부터 나타났다는 말은 불경건과 불의로 인하여 하나님의 진노가 세상 속에서 드러난다는 것입니다. 인과응보가 우리가 기대하는 규칙성과 그런 관계로 반드시 드러나지 않을지라도 하나님은 이 세상에서 일정한 수준으로 그 심판을 보이십니다. 그리고 훗날 마지막 심판 때에 공의의 완전성을 드러내시고 실현하실 것입니다. 이 땅에서 심판받지 않은 불경건과 불의한 자들은 훗날에 받을 심판의 무게가 더 쌓이는 것이지, 면제받고 있는 것이 아닙니다. 하나님은 이 땅에서도 불경건과 불의한 자들을 심판하십니다. 육체가 썩어가는 것 자체가 이미 불경건과 불의에 있는 일반적, 보편적 인류를 향한 심판의 징후입니다. 사망의 썩는 냄새가 이 세상에 있다는 것 자체, 곧 살아도 사는 게 아니다 싶은 인생살이가 바로 죽음의 징후이고 심판 아래에 있음을 알리는 것입니다. 이 세상에 살면서 인생의 달콤한 순간을 맛볼 때도 있지만 사는 게 사는 것이 아니다 싶은 일이 얼마나 많은지 모릅니다. 고통과 환난과 슬픔과 억압과 아픔과 오해를 당하고, 이해와 사랑을 받지 못했던 그 갈등과 상처 속에서 맞닥뜨리는 육체의 고통과 환난은 말할 것도 없습니다. 믿는 사람은 소망이 있으니까 그 믿음 안에서 환난을 겪어내고 감당하고 버틸 수 있지만, 믿지 않는 이들은 죄성에 따라 그저 자기만족을 구하며 견뎌가거나 그렇게라도 하지 못한 사람은 결국 큰 어려움을 당하고 맙니다. 이것이 다 사망의 냄새입니다. 하나님의 진노가 장대비가 막 쏟아질 것 같이 꽉 차 있는 것입니다.

하나님이 진노하신다는 말을 들으면 그분이 막 격노하시는 것을 떠올릴 수 있는데, 하나님은 그런 분이 아니십니다. 하나님은 감정에 휘둘리는 분이 아니십니다. 그 말씀은 우리가 죄 아래에 있어 어떤 심판을 받을 상태에 있다는 것을 이해시키기 위해 진노 아래 있다고 표현한 것입니다. 하나님이 누구를 향해 진노하시고 심판하십니까? 18절에 나온 대로 "불의로 진리를 막는 사람들"입니다. 하나님의 계명과 뜻이 기록된 말씀(율법)이 아니더라도, 우리의 마음속에 있는 양심에 새겨 놓으신 그분의 분명한 뜻이 있는데 그것을 비진리로 틀어막는 사람들을 향해 심판이 주어진다는 것입니다.

성경을 보면 보편적 인류에 대한 신적인 심판이 나옵니다. 바벨탑 사건, 노아의 홍수 사건이 그 부분입니다. 그런데 어떤 이들은 노아의 홍수 사건이 오늘날에도 볼 수 있는 그저 자연적으로 일어난 홍수였을 뿐이라고 말합니다. 다시 말해, 그들은 노아의 홍수를 하나님의 심판과 무관하게 해석하고, 그냥 자연적으로 일어난 일이라고 이야기합니다. 그런데 성경은 대홍수 심판이 하나님의 심판이라고 분명히 전합니다. 바로는 자기가 당한 모든 재앙이 이스라엘의 여호와 하나님의 손길인 것을 알았지만 곧 부인했습니다. 마술사도 그 일을 할 수 있다면서 하나님의 심판에 대해 애써 부인한 것입니다. 하나님은 그분이 만드신 세상에서 악을 행하는 인간을 향하여 보편적인 심판을 내리십니다.

이 세상은 우리의 생명을 완전히 안전하게 보존할 만한 평화로운 시대가 아닙니다. 이 세상이 왜 이렇게 되었을까요? 본래 하나님이 만드신 세상은 그렇지 않다는 사실에 대해 확인하고 나면, 타락 이후에 이 세상을 살아가는 우주와 자연환경과 사회환경은 더 이상 우리의 생명을 보존하는 평화의 보장 장치가 아니라는 점을 알 수 있습니다. 하나님은 우리를 죽음의 위협과 환경적인 두려움과 압박 속에 살게 하셔서 그 모든 것을 통해 하나님을 바라보게 하시며, 모든 일의 원인이 무엇인지 돌아보고 죄를 깨닫게 하십니다. 믿는 사람은 자연 재해나 사회적 재앙 속에서도 하나님을 생각합니다. 역사 속에 벌어진 비참한 비극은 수많은 죄의 실타래들이 얽혀 있어 풀어낼 길이 없습니다.

한 가지 분명한 것은 세상이 탐욕이라는 힘의 지배를 받고 있다는 사실입니다. 하나님은 죄에 대하여 심판하실 때, 그 사람을 직접적으로 벌하기도 하시고, 죄악을 더 승하게 하여 그 죄로 인하여 그를 무너지게도 하십니다. 그리고 하나님이 택한 백성은 어떤 일이 있어도 믿음 가운데 구원해내십니다. 이것은 성도를 이 세상의 모든 환난으로부터 자유롭게 해주신다는 뜻이 아니라, 어떤 환난을 당하더라도 그의 삶은 이 세상이 끝이 아니기 때문에 약속된 그날을 바라보게 하심으로 그의 환난을 씻겨주시고 눈물을 닦아주신다는 것을 뜻합니다. 목 베임을 당한 영혼들이 "큰 소리로 불러 이르되 거룩하고 참되신 대주재여 땅에 거하는 자들을 심판하여 우리 피를 갚아 주지 아니하시기를 어느 때까지 하시려 하나이까"(계 6:10)라고 외칠 때 "각각 그들에게 흰 두루마기를 주시며 이르시되 아직 잠시 동안 쉬되 그들의 동무 종들과 형제들도 자기처럼 죽임을 당하여 그 수가 차기까지 하라"라고 말씀하신 일과 같이, 하나님은 그분의 백성을 끝까지 붙드시니 우리를 향한 주의 안식은 절대적인 보장입니다. 그러나 그 안식을 이 세상에서는 누리지 못할 수도 있습니다.

그런데 어떤 이들은 "사람들이 하나님이 계신 것을 알았다면 그렇게 하지 않았을 것이다. 그들은 하나님이 계신 것을 몰랐으니까 그런 것이다. 우리는 하나님이 계신 것을 아니까 그런 악까지 행하지 않는데, 그들은 하나님을 모르니까 그렇게 사는 것이다"라고 생각할 수도 있습니다. 이에 대해 19절은 아니라고 합니다.

"이는 하나님을 알 만한 것이 그들 속에 보임이라 하나님께서 이를 그들에게 보이셨느니라"(19절).

하나님은 왜 그들을 심판하시며 왜 그들에게 하나님의 진노를 드러내실까요? 하나님의 진노는 하늘로부터 나타난다고 했습니다. 그것은 철저한 심판으로 피할 곳이 없는 것입니다. 하늘에 심판이 꽉 찼으면 피할 곳이 어디 있겠습니까? 피할 길이 없는, 완전하며 절대적인 하늘로부터 내려오는 심판이 왜 그들에게 내려옵니까? 그들이 불의로 진리를 막기 때문입니다. 즉, 불경건과 불의 때문입니다. "그들의 불경과 불의는 하나님을 모르기 때문이야. 그들이 하나님을 알았으면 그렇게 하지 않았을 텐데"라고 생각하는 이들에게 19절은 "아니다. 그들은 하나님을 안다"라고 분명하게 말합니다. "하나님을 알 만한 것이 그들 속에 보임이라"(19절). 그리고 잠언 20장 27절에는 "사람의 영혼은 여호와의 등불이라 사람의 깊은 속을 살피느니라"라고 나옵니다. 사람의 영혼은 여호와의 등불과 같이 우리 속에 심겨진 것이라고 했습니다. 영혼의 작용은 이성적 분별과 양심의 떨림을 일으킵니다. 이치를 헤아려보니 아는 것입니다. 그것을 통해 하나님은 그들에게 이미 자기를 나타내 보이셨다고 했습니다. 그뿐만 아니라 20절을 보니 "그들 속에 보여 알려졌다"고 나옵니다.

하나님의 지식을 모두에게 보이셨다

"창세로부터 그의 보이지 아니하는 것들 곧 그의 영원하신 능력과 신성이 그가 만드신 만물에 분명히 보여 알려졌나니 그러므로 그들이 핑계하지 못할 지니라"(20절).

하나님은 눈으로 보는 것처럼 알 수 있는 분이 아닙니다. 물질에 대한 측정으로 확인되는 분이 아닌 것입니다.

무신론자인 한 철학자가 하나님의 존재에 대해 알아보고자 했습니다. 그는 "A라는 사람은 하나님이 계시다고 믿고 있고, B라는 사람은 믿지 않는다."라며 누구의 말이 맞는가 논증하면서, 하나님이 계시다고 믿는 사람에게 기도의 효과가 나타나면 하나님이 계신 것이고, 기도의 효과가 나타나지 않으면 하나님이 계시지 않은 것이라고 전제를 세웠습니다. 그리고 1년이라는 기간을 정했습니다. 그런데 1년이 지난 후에도 A의 기도가 이루어지지 않았고, 이에 그는 "하나님은 안 계시다"라는 철학적인 결론을 내렸습니다. 이것은 매우 어리석은 일입니다.

하나님이 우리를 향해 다스려 가시는 방식에 우리가 'input', 즉 집어넣으면 'output'이 나오는 방식으로 약속된 그 과정이 있다는 약속은 없습니다. 우리는 하나님을 향하여 명령을 하거나 요구할 수 있는 자들이 아닙니다. 우리는 하나님의 뜻이 어떤 것인지 묻고 그것이 이루어지기를 구할 수 있을 뿐입니다. 내가 바라는 것이 하나님의 거룩한 뜻에 일치하는 가치인지를 확인하고, 그것에 대한 일치성이 있다고 믿으면 "주여 내가 원하옵나니 이것이 주의 뜻으로 이루어질 것을 믿습니다"라고 하면서 주의 섭리 가운데 내어놓고 그 뜻을 보고자 하는 것이지, 내가 주장하여 하나님의 섭리를 이끌고 가려는 것이 아닙니다.

기도는 피조물이 하나님의 절대주권 앞에서 올리는 고백이며 간구입니다. 기도는 우리가 하나님을 다루어가는 방식이 아닙니다. 기도는 무릎을 꿇고 "하나님만이 역사를 주장하시고 제 인생을 인도하십니다. 제가 바라는 소망이 있으나 이 소망은 저의 소망일 뿐 주께서 이것을 이루시면 이루어진 줄 알겠사오니 주여 들으시고 주의 뜻 가운데 행하옵소서. 미련한 제가 그 뜻을 분별하고 알아 오늘도 인도

하시는 주의 손길을 보게 하옵소서" 하며 하루를, 1년을, 10년을 인도함을 받는 것입니다. 인간은 계획과 목표를 세우고 나가는 일정한 삶의 경로가 있습니다. 인간적 경로에 따라 목표를 설정하여 기도할 수 있으나 그 기도는 내 뜻에 따라 하나님의 힘을 빌려 쓰는 것이 아닙니다.

그러므로 기도를 통해 응답을 받으면 하나님이 계신 것을 믿겠다는 그 철학자의 무신론적 논증은 애초부터 잘못된 것입니다. 즉, 하나님이 누구이시며 그 하나님이 계신 것을 알아가는 방식에 대해 전혀 모르는 어리석은 자의 해석인 것입니다. 그러니까 예수님이 "너희가 성경도 모르고 하나님도 알지 못한다"라고 말씀하시지 않았습니까? 그들은 하나님이 물질로 측정될 수 있는 분이 아니라는 사실을 몰랐습니다. 보이지 않는 하나님의 신성을 어떻게 알겠습니까? 본문 19절에 "하나님을 알 만한 것이 그들 속에 보임이라"고 나옵니다. 어떻게 압니까? 양심과 영혼을 통해 압니다. 또 그들은 "그의 영원하신 능력과 신성"을 간접적으로 봅니다. 거울을 통해 보듯이 하나님이 만드신 만물을 통해 그것들을 보는 것입니다. 하나님의 능력과 신성이 그분이 만드신 만물에 분명히 보여 알려진다고 했습니다. 성경은 '분명히'라고 굉장히 강조하고 있습니다. 여기서 '만물'은 만들어진 물질적 창조세계뿐 아니라, 그 역사 속에서 행해지는 모든 사건을 포괄합니다. 여기에는 우리의 인생도 포함됩니다.

인생을 이끌어 가시는 하나님의 특별한 손길을 느끼십니까? 하나님의 역사하심과 관련하여 우리에게는 어린아이의 순전한 태도가 필요합니다. 어린아이의 마음은 믿지 않는 가정의 자녀라도 양심의 두 근거림을 이겨낼 힘이 없습니다. 어린아이는 조금만 잘못해도 "잘못 했어요. 사실은 제가 했어요"라고 말합니다. 하지만 어른은 양심이 흔들리는 순간에도 좀처럼 자기의 죄를 토설하지 않습니다. 순간의 이해관계와 자기의 살길에 먼저 마음이 확 가기 때문입니다. 그래서 그들은 자기 양심을 누르고 양심에 화인 맞은 자가 되어 상황과 여러 가지 논리를 만들어 내며 거짓 증거를 드러내고 자신을 변명해 나갑니다. 그러나 그럴 때에도 그들은 불안감을 느낄 것입니다. 그리고 그것이 하나님의 존재에 대한 인식입니다.

하늘을 보면서 중력이나 만유인력의 관계 등 몇 가지 지식을 이야기할 수 있겠지만, 이야기하다 보면 이내 곧 우주 질서의 정연함과 탁월함에 압도당하고 맙니다. 그때 "누군가가 이것을 만들지 않았을까?" 하는 생각이 확 들어오는데, 그게 맞다면 하나님을 인정하는 셈이 되니까 "아니야. 그냥 있었던 거야"라는 말로 바꾸어 버립니다. 의사인데 하나님을 안 믿는 것은 정말 이상한 일입니다. 의사인데 어떻게 하나님을 안 믿습니까? 저로서는 도무지 이해가 되지 않습니다. 인간의 몸의 생리적 작용을 이해하고 나면 참 신기할 텐데 창조주를 안 믿는다니 이상한 것입니다. 그것은 딱 한 가지 이유일 것입니다. 하나님이 안 계시다고 생각하고 작정했으니 안 믿는 것입니다. 작정했기 때문에 안 보입니다. 믿지 않고 안 보인다고 하는 것은 증거를 부인하는 것입니다. 믿는 우리는 그 증거를 보는 눈이 떠진 것이고, 전에는 증거로 받아들일 압박을 부인한 것입니다. 그래서 믿는 우리에게는 하나님의 자연세계가 하나님의 영광으로 창조된 것입니다.

시편 19편에는 "하늘이 하나님의 영광을 선포하고 궁창이 그의 손으로 하신 일을 나타내는도다 날은 날에게 말하고 밤은 밤에게 지식을 전하니"라는 말이 나옵니다. 낮과 밤이 모두 하나님의 지식을 전하는 것입니다. 특별계시의 말씀으로 알려주시지 않아도 이 자연의 소리가 온 땅에 전하며 그분의 말씀이 세상 끝까지 이르렀다는 것입니다. 일반계시, 곧 자연계시 안에서 하나님이 자신을 선포하신 것입니다.

"하나님이 해를 위하여 하늘에 장막을 베푸셨도다 해는 그의 신방에서 나오는 신랑과 같고 그의 길을 달리기 기뻐하는 장사 같아서 하늘 이 끝에서 나와서 하늘 저 끝까지 운행함이여 그의 열기에서 피할 자가 없도다"(시 19:4-6).

이 사실을 믿고 나면 하나님의 지식이 충만하게 보이는데, 믿지 않을 때는 아예 보이지 않는 것입니다. 그러나 이러한 때에라도 마치 두더지 눈 같이 보이는 것이 희미하지만 보기는 하는 것입니다.

하나님의 계시는 부담이 있지만 분명합니다. 이 부담은 무엇입니까? 하나님의 존재를 의미합니다. 믿고 나면 하나님이 언제부터 자신을 그러한 부담으로 부르셨는지를 알게 됩니다. 그래서 시편 19편은 1절부터 6절까지 일반계시가 나오고 7절부터는 특별계시를 다루는 말씀으로 이어집니다. 하나님의 율법을 아는 사람에게 일반계시는 선명하게 보입니다. 그러나 그렇지 않은 사람은 아주 부분적으로 알 뿐입니다. 그런데 본문 20절에 "그들이 핑계하지 못할지니라"라는 말이 나옵니다. 이는 안 믿는 사람이 일반계시로 인해서 어느 정도 하나님을 아는 지식을 가질 수 있다는 말입니다. 여기서 '어느 정도'는 핑계할 수 없을 정도입니다. 즉, 믿음을 가지면 뻔히 보이는 것이 믿음을 갖기 이전에도 있었다는 뜻입니다.

버트런드 러셀은 《나는 왜 기독교인이 아닌가》를 쓰면서 이렇게 주장했습니다. "기독교인이 말하는 대로 하나님이 있다면 증거가 있어야 하는데 증거가 없지 않느냐? 증거가 없는데 어떻게 믿느냐?" 그는 이것을 마지막에 자기변명의 근거로 내놓겠다고 했습니다. 그러나 성경은 핑계할 수 없다고 합니다. 어떤 것이 맞습니까? 러셀이 자기변명을 통해 심판을 면할 수 있습니까? 못합니다. 하나님이 분명 "네 양심이 네 행위를 악하다 말하지 않았느냐? 너는 이 세상 모든 일과 자연만물이 그저 있을 수 없고 누군가가 만들었다고 말할 수밖에 없는 사실을 전혀 보지 못했단 말이냐?"라고 말씀하실 것입니다. 간단한 기계도 지성적 개입을 통해 만들어집니다. 그런데 사람 몸에 일어나는 작용이 어떻게 지적인 개입 없이 있을 수 있겠습니까? 여러분이 설교를 듣는 것이나 제가 설교를 하는 것도 모두 지적인 활동으로, 하나님이 우리 영혼을 그렇게 만들어 놓지 않으시면 이루어지지 않는 일입니다. 이 영혼의 작용은 완전한 지성자이신 하나님이 역사하심으로 이루어지는 일입니다. 이러한 일반적 지식에도 불구하고 사람들은 어떻게 반응했습니까? 21-23절을 보겠습니다.

"하나님을 알되 하나님을 영화롭게도 아니하며 감사하지도 아니하고 오히려 그 생각이 허망하여지며 미련한 마음이 어두워졌나니 스스로 지혜 있다 하나 어리석게 되어 썩어지지 아니하는 하나님의 영광을 썩어질 사람과 새와 짐승과 기어다니는 동물 모양의 우상으로 바꾸었느니라"(21-23절).

하나님을 아는 지식에 대한 마땅한 반응은 두 가지로, 하나님을 영화롭게 하고 그분께 감사하는 것입니다. 사람의 제일가는 본분은 하나님을 영화롭게 하는 것입니다. 사람의 제일가는 행복은 하나님을 아는 참된 지식을 통해 감사하는 것입니다. 하나님을 알고 그분의 교훈과 뜻에 따라 감사하며 사는 것은 행복한 것입니다. 영광스러운 하나님이 나에게 얼마나 큰 사랑을 주셨는지를 알고 살아가는 것이 피조물이 창조주 앞에 누릴 수 있는 최고의 행복입니다. 그리고 그것은 하나님과의 관계 속에서 나오는 것입니다. 시편 19편 말씀대로 "하나님의 율법은 완전하여 저의 영혼을 소성케 합니다. 제 모든 허물을 주의 뜻 가운데 살펴 알겠나이다"라고 고백해야 마땅합니다.

일반계시의 제한성과 충분성

본문은 그들이 핑계하지 못할 정도로 하나님을 안다고 합니다. 제한적이지만 목적을 이룰 만큼은 된다는 것입니다. 일반계시는 제한성과 충분성을 갖고 있습니다. 제한성을 갖는다는 것은 그것이 심판 날에 자신을 지키고 심판을 면하게 할 만큼의 힘은 없다는 것입니다. 그러나 그것은 하나님 앞에 나와야 될 이유를 충분히 알려줍니다. 그래서 선교사님들이 선교지에 미리 예비된 영혼이 있다고 하는 것입니다. 하나님을 찾고 있는 사람들이 있고, 중보자가 있으면 좋겠다는 탄식이 있는 것입니다. 일반계시는 그것으로 인해 구원의 길을 명료하게 알지는 못하지만 필요에 대해 절실해지는 의식을 갖게 합니다. 딱 거기까지가 한계입니다. 구원의 길은 찾지 못하지만 구원의 길을 향해 나아가는 수준까지는 발전될 수 있는 것입니다.

21절은 그들이 하나님을 영화롭게도 아니하고 감사하지도 않고, 오히려 생각이 허망해지고 미련한 마음이 어두워졌다고 말합니다. 하나님은 지혜와 미련함을 딱 나누십니다. 22절에서는 "스스로 지혜 있다 하나"라고 하는데 이것은 '심판'을 의미합니다. 어두운 눈을 더 어둡게 하시는 것입니다. 한번 생각해보세요. 예수 그리스도만이 구원이라는 성경적 복음을 믿는 것과 모든 종교가 부분적으로 진리가 있다는 주장 중 어느 것이 맞습니까? 이 싸움은 성경 말씀만 맞다고 말하는 자들과 스스로 지혜 있다 하는 자들의 싸움과 같은 것입니다. 스스로 지혜 있다 하는 사람은 인간 안에서 모든 진리를 찾습니다. 우물 안에 있는 개구리는 세상이 넓은 줄 모릅니다. 그곳을 나와야 알 수 있습니다.

결국 우리는 성경 말씀 안에서 시작과 끝을 보는 것이요, 세상에 대한 계시를 보는 것입니다. 그러므로 스스로 지혜 있다 하는 자들의 주장과 성경의 참된 진리 가운데 신앙적 대립이 있는 것입니다. 이 싸움은 애초부터 있었습니다. '스스로 지혜 있다'는 말을 다르게 하면, 선악과를 따먹는 결정을 내가 하는 것입니다. 이것은 단순한 지혜 문제나 인식론의 문제가 아닙니다. 선과 악의 윤리적 문제로 넘어갑니다. 그래서 따먹어야 옳은가, 따먹지 말아야 옳은가에 대한 윤리적 판단은 "하나님이 옳은 분인가, 틀린 분인가? 하나님이 선한 분인가, 악한 분인가? 하나님이 우리를 시기하시는가, 사랑하시는가?"에 대한 지식의 기반에서 나옵니다. 마귀는 우리를 시험했습니다. "하나님은 너희를 사랑하지 않아. 선악과를 따먹으면 너희가 하나님처럼 될까봐 하나님이 시기해서 그러신 거야. 선악과를 따먹어도 절대 죽지 않아. 하나님이 거짓말하신 거야." 이것은 진리의 문제입니다. 하지만 그때 스스로 지혜 있다 하는 사람은 자기의 행동을 스스로 결정합니다. "하나님이 그렇다면 내 행동은 내가 결정하지"라며 윤리 규범의 결정권을 자기가 갖는 것입니다.

마지막 23절은 그들이 하나님의 영광을 우상뿐 아니라 이성적 고안물, 감성적 결과물 등 인간이 이룬 것으로 바꿨다는 것입니다. 종교든 철학이든 과학이든 어떤 것이든, 그것들은 우상으로 만든 것과 같습니다. 이것의 가장 극단적 형태가 '사이언톨로지Scientology'로 과학을 신적 존재로 믿는 것입니다. 그것으로 종교성이 충만하지 않으니까 범신론적 형태로 바꾸어 나온 것이 '뉴에이지'입니다. 그래서 온 우주를 살아 있는 신의 기운으로 보고 우리 자신도 하나의 신이 나타난 존재로 보는 것입니다. 우리 안에 있는 영혼과 이성의 기능을 순하게 따라가는 것이 바로 신적 기원의 교훈에 가장 순종하는 것입니다. 이런 형태로 나아가는 뉴에이지 세계관 자체가 오늘날 이 시대의 상황을 대신합니다. 우상은 없지만 우상과 같은 존재가 되는 것입니다.

우리는 이런 시대에 살고 있습니다. "예수 그리스도의 복음만이 유일한 구원인가?"라는 질문 앞에 우리는 그렇다고 말해야 합니다. 그리고 계속해서 거친 반항과 저항을 하는 어둠의 세력이 크지만 두려워하지 말고 흔들리지 말아야 합니다. 예수 그리스도, 곧 성경에 나타난 이 복음이 우리의 영원한 운명을 결정할 참된 진리임을 굳게 믿기를 바랍니다.

6. 하나님의 심판 : 죄 가운데 내버려 두심

그러므로 하나님께서 그들을 마음의 정욕대로 더러움에 내버려 두사 그들의 몸을 서로 욕되게 하게 하셨으니, 이는 그들이 하나님의 진리를 거짓 것으로 바꾸어 피조물을 조물주보다 더 경배하고 섬김이라. 주는 곧 영원히 찬송할 이시로다 아멘. 이 때문에 하나님께서 그들을 부끄러운 욕심에 내버려 두셨으니 곧 그들의 여자들도 순리대로 쓸 것을 바꾸어 역리로 쓰며, 그와 같이 남자들도 순리대로 여자 쓰기를 버리고 서로 향하여 음욕이 불 일듯 하매 남자가 남자와 더불어 부끄러운 일을 행하여 그들의 그릇됨에 상당한 보응을 그들 자신이 받았느니라. 또한 그들이 마음에 하나님 두기를 싫어하매 하나님께서 그들을 그 상실한 마음대로 내버려 두사 합당하지 못한 일을 하게 하셨으니, 곧 모든 불의, 추악, 탐욕, 악의가 가득한 자요 시기, 살인, 분쟁, 사기, 악독이 가득한 자요 수군수군하는 자요 비방하는 자요 하나님께서 미워하시는 자요 능욕하는 자요 교만한 자요 자랑하는 자요 악을 도모하는 자요 부모를 거역하는 자요 우매한 자요 배약하는 자요 무정한 자요 무자비한 자라. 그들이 이같은 일을 행하는 자는 사형에 해당한다고 하나님께서 정하심을 알고도 자기들만 행할 뿐 아니라 또한 그런 일을 행하는 자들을 옳다 하느니라. 로마서 1:24-32

"세상에 이토록 죄악이 많은데 하나님은 무엇을 하고 계신 것인가? 죄에 대해 하나님은 어떠한 뜻을 갖고 계시며 그것을 어떻게 다루어 가시는가?" 이러한 질문은 성도라도 할 수 있고, 믿지 않는 사람들도 이 본문을 들으면 "악이 이토록 많은데 어찌 하나님이 있다고 말하는가?"라며 악의 존재가 하나님이 계시다는 사실에 대한 반박의 근거가 된다고 생각할 것입니다. 그들은 "아, 하나님은 선이지만 세상에 또 다른 악의 세력이 있으니 어쩔 수 없는 선악의 이원론이 존재하는구나"라고 이야기합니다. 그러나 기독교의 하나님은 절대 일원론적이요, 그분만이 하나님이니까 그분을 능가하는 악의 세력은 없습니다. 따라서 악의 존재와 현상은 하나님의 존재 유무에 대한 결정적인 판단의 이유가 되지 못합니다. 믿지 않는 자들은 "선하고 전능하신 하나님이 계시다면 그분은 절대자일 텐데 어찌 악이 존재하는가? 악의 존재 현상에 대해 하나님의 역할과 그 태도와 관계는 무엇인가?"라는 의문을 품고 오히려 기독교 신앙 자체에 대한 근본적 회의를 제시하고 반박하는 구실을 삼아 떠들어 댑니다. 본문에는 그런 질문에 대한 한 가지 중요한 대답이 나옵니다. 그로 인해 우리의 신앙을 견고하게 할 수 있다고 하나님이 우리에게 교훈을 주시는 것입니다.

그것은 무엇입니까? 먼저 본문을 이해하는 데 중요한 단어가 있습니다. 24, 26, 28절을 보면 "내버려 두사"라는 말이 나옵니다. 이것이 "이 세상의 악에 대하여 하나님은 무엇을 하고 계신가?"라는 질문에 대한 한 가지 답입니다. 즉, 하나님은 인간의 마음에 바라는 것들과 바라는 대로 행하는 모든 것을 죄의 모양 그대로 내버려 두고 계십니다. 하나님이 이 세상의 많은 죄악을 그대로 드러내시면, 그것은 심판의 의미를 갖습니다. "죄를 죄의 모양 그대로 내버려 두시는 것은 죄를 허용하고 기뻐하시는 것이 아닌가?"라고 생각할 수 있는데, 그게 아닙니다. 오히려 죄를 죄의 모양 그대로 드러나게 하시는 그것이 심판의 의미를 갖습니다.

죄악을 막지 않고 그대로 내버려 두시는 것이 어떻게 심판의 의미가 되는 것일까요? 부패한 인간들이 모여 일어난 수많은 죄악에도 불구하고 오늘 이 세상이 이 정도인 것은 오직 한 가지, 죄를 억제하시고 다스리시는 하나님의 은혜 때문입니다. 하나님이 그 죄에 대한 소욕대로 악이 극한에 이르지 않도록 일정한 수준에서 억제해주시는 은혜를 베풀고 계신 것입니다. 양심의 찔림 혹은 죽음 이후에 심판이 있을지도 모른다는 두려움, 막연한 신에 대한 공포감 등 모든 윤리적, 도덕적 작용을 통해 하나님이 일정한 제어를 하시는 것입니다. 그리고 그 일정한 제어를 위해 사회 질서와 개인의 양심과 국가라는 조직을 두고 공의의 시행을 통해 죄가 다스려지게 하신 것입니다.

여전히 많은 죄악의 형태가 나타나지만 더욱더 강력하게 근본적으로 죄를 없애지 않으시는 그 자체가 죄를 행하는 자를 향하여 심판의 의미를 갖습니다. 여기서 '심판'은 죄를 행하는 자가 죄로 인하여 좋은 결과를 보지 못하는 것이요, 현세적 의미의 심판입니다. 그리고 동시에 마지막 날에 자신이 당할 영원한 형벌을 잠시 조금이라도 먼저 맛보게 해주시는 것입니다. 이 땅에서 죄를 범한 결과의 비참함을 맛봄으로써 장차 있을 영원한 진노 아래 심판을 미리 맛보게 하는 일의 효과는 그 사람이 신자인가 불신자인가에 따라 이중적으로 나타납니다.

신자는 그러한 죄의 비참한 결과를 맛볼 때, 하나님이 얼마나 죄를 미워하시는지 깨닫고 장차 받을 심판이 얼마나 더러운지를 생각하여 하나님 앞에 자신의 의 없음과 죄인 됨을 토설하고 하나님의 긍휼과 자비만 바라며 나아옵니다. 그가 그렇게 나아오기까지 하나님은 일정 기간 동안 영원한 심판을 행하지 않으십니다. 다시 말하자면 심판을 연기하시고 집행을 미루십니다. 어떤 사람은 죄를 범하고도 아무런 일을 당하지 않자 오히려 죄를 범하여 자기의 욕심을 이루었다고 말합니다. 그러나 죄인일지라도 하나님의 은혜를 입은 자는 자기 영혼을 해치는 죄의 결과의 비참함을 경험하면서 영원한 심판에 대한 공포와 두려움에 휩싸이게 되고, 그래서 당장에 그 심판이 이루어지지 않는 그 시간을 그리스도 앞에 나아가는 회개의 기회로 여기게 됩니다. 즉, 죄를 죄 되게 드러나게 하시는 하나님의 내버려 두심이 신자에게는 주님 앞에 나아가는 은혜가 되는 것입니다.

신자가 죄를 짓는 일도 하나님의 적극적인 의미의 작정에 의해서는 이미 다 정해진 바입니다. 하지만 사실 죄는 하나님의 교훈적인 뜻 가운데서 우리에게 하지 말라 명하신 것이요, 하나님이 불쾌히 여기시는 것입니다. 하나님은 죄를 미워하시고 그 일을 행하는 자를 기뻐하지 않으십니다. 그런데 인간이 스스로 행하는 인격 안에서 자신의 죄에 대한 책임을 져야 하므로 인간 편에서는 죄를 짓는 일이 허용되고 내버려 두는 형태가 되는 것입니다. 그래서 인간은 스스로 죄를 짓게 되는 것입니다.

회개의 기회

하나님의 오래 참으심이 업신여김을 당할 때는 어떤 일이 벌어집니까? 하나님이 죄 지은 사람들에게 회개할 기회를 주시지 않은 적은 한 번도 없습니다. 요한계시록 2장 20-21절을 보겠습니다.

"그러나 네게 책망할 일이 있노라 자칭 선지자라 하는 여자 이세벨을 네가 용납함이니 그가 내 종들을 가르쳐 꾀어 행음하게 하고 우상의 제물을 먹게 하는도다 또 내가 그에게 회개할 기회를 주었으되 자기의 음행을 회개하고자 하지 아니하는도다."

이세벨은, 악독한 죄 중에 있는 대표적인 여자를 넘어서 하나님의 진리를 거스르고 교회를 어지럽게 한 대표적인 인물입니다. 말씀에서 주님은 거짓 선지자인 이세벨이 들어와 진리를 어그러뜨려 사람들을 행음하게 했다고 말합니다. 거짓을 따라가게 만들었다는 것입니다. 그리고 우상의 제물을 먹게 하였으니 그 죄가 얼마나 큽니까. 그런데 그때 하나님이 그들에게 "회개할 기회"를 주셨다고 합니다. 악인이라 할지라도 돌이킬 기회를 주시는 것입니다. 그 기회가 언제까지일까요? 이 땅에 호흡이 붙어 있으면 언제든지 회개할 수 있습니다. 누구라도 회개하면 주께 용서를 받습니다. 회개하지 않는 것은 하나님의 교훈, 복음 선포에 대한 불순종의 죄를 초래하는 것입니다. 음행을 회개하지 않으면 거듭 죄를 짓는 단계를 밟게 됩니다.

창세기 6장 5-7절에는 노아의 홍수 심판 당시 인간의 모습에 대해 이런 표현이 나옵니다.

"여호와께서 사람의 죄악이 세상에 가득함과 그의 마음으로 생각하는 모든 계획이 항상 악할 뿐임을 보시고 땅 위에 사람 지으셨음을 한탄하사 마음에 근심하시고 이르시되 내가 창조한 사람을 내가 지면에서 쓸어버리되 사람으로부터 가축과 기는 것과 공중의 새까지 그리하리니 이는 내가 그것들을 지었음을 한탄함이니라 하시니라."

개인생활, 가정생활, 직장생활, 나라와의 관계, 종교생활 등 전 영역에 부패가 찌들어 진동하고 있는 것입니다. 우연히 악을 행한 것이 아니요, 항상 악을 행하는 것입니다. 이는 전적인 부패성이 가득한 행태를 보여줍니다. 하나님이 사람을 지은 것을 한탄하실 정도였습니다. 그러면 하나님이 그들을 어떻게 다루셔야 했겠습니까? 그대로 심판해서 쓸어버려야 마땅합니다. 하지만 하나님은 이때도 심판을 지체하고 연기하십니다. 그것이 창세기 6장 1-3절 말씀입니다.

> "사람이 땅 위에 번성하기 시작할 때에 그들에게서 딸들이 나니 하나님의 아들들이 사람의 딸들의 아름다움을 보고 자기들이 좋아하는 모든 여자를 아내로 삼는지라 여호와께서 이르시되 나의 영이 영원히 사람과 함께 하지 아니하리니 이는 그들이 육신이 됨이라 그러나 그들의 날은 백이십 년이 되리라 하시니라."

하나님의 아들들은 경건한 하나님의 백성을 의미하고, 사람의 딸들은 정욕대로 사는 부패한 사람들을 의미합니다. "[하나님께서] 영원히 사람과 함께 하지 아니하리니"라는 말은 경건의 줄기가 완전히 끊어져 버렸음을 의미합니다. 경건한 하나님의 백성들이 하나님을 찾지 않은 것이요, 성령 안에서 살아가지 않는 부패한 인간으로 퇴색해버린 것입니다. 하나님 앞에 깨어 있는 영혼이 되지 못한 것입니다. 그러나 하나님은 이때 "그들의 날은 백이십 년이 되리라"라고 말씀하셨습니다. 즉, 하나님이 심판의 때를 연기하시고 기회를 주신 것입니다. 노아가 하나님의 말씀에 따라 방주를 짓는 동안에, 하나님은 영으로 당시 타락한 사람들에게 계속 복음을 전하셨습니다. 그러나 아무도 듣지 않았습니다. 그리하여 노아의 가족을 제외한 나머지는 다 죽습니다. 사람이 볼 때는 살릴 만한 사람이 있을런지 모릅니다. "저 사람은 착한 것 같은데, 저 사람은 괜찮은데, 저 사람은 효자인데"라는 기준은 사람의 생각일 뿐, 하나님이 보실 때는 하나도 살려 둘 자가 없었습니다. 사람은 항상 마음에 생각하는 모든 계획이 악하기 때문입니다. 하나님의 은혜로 우리의 부패한 심령의 발동을 일정하게 잠재우지 않으면 도무지 소망이 없는 것입니다.

하나님이 노아의 홍수 때에 회개할 기회를 열어 두셨듯이, 오늘날 교회에서도 권징을 통해 그렇게 합니다. 교중에 있는 사람이 죄를 범하면 회개할 기회를 주기 위하여 권징을 내리면서도 일정한 기간 동안 회개의 기회를 줍니다. 하나님의 은혜를 구할 기회를 주는 것입니다. 고린도전서 5장 5절에는 "이런 자를 사탄에게 내주었으니"라고 나옵니다. 이것이 권징의 의미입니다. 육신은 멸하더라도 영은 주 예수의 날에 구원을 받을까 하여, 살리기 위하여 행하는 일입니다. 하지만 권징 자체의 효과가 무색할 정도로 그 사람이 저항하고 반항하며 끝내 돌이키지 않으면 그를 출교시켜 교회 밖의 사람으로 취급하게 됩니다. 디모데전서 1장 19-20절은 이렇게 말합니다.

"믿음과 착한 양심을 가지라 어떤 이들은 이 양심을 버렸고 그 믿음에 관하여는 파선하였느니라 그 가운데 후메내오와 알렉산더가 있으니 내가 사탄에게 내준 것은 그들로 훈계를 받아 신성을 모독하지 못하게 하려 함이라."

하나님이 죄악 가운데 내버려 두시는 일이 어떤 이에게는 살 수 있는 징계의 일이 되고, 어떤 이에게는 영원한 심판으로 가는 길을 맛보게 하는 일이 됩니다. 그 갈림길에는 무엇이 있습니까? 회개입니다. 다윗은 죄를 범했을 때 회개했고 결국 이전과는 다른 차원의 깊은 하나님의 은혜 안에 들어가게 되었습니다. 돌이키는 은혜가 있었기 때문입니다. 돌이키면 다시 한 번 은혜를 입지만, 그렇지 않으면 멸망으로 가게 됩니다.

하나님이 택한 백성은 죄를 통해 자신을 비추어보게 됩니다. 단순히 어떤 행위나 내적인 마음의 생각과 욕심이 죄인지 아닌지를 분별하는 객관적 기준이 아니라, 그 객관적 기준이 자기에게 미쳤을 때 자기가 본성상 어떤 자인가를 알게 되는 것입니다. 바로 이것이 율법으로 죄를 깨닫게 되는 은혜입니다. 우리가 본질상 부패한 자이고 소망이 없다는 사실까지 깨닫게 되는 순간에 그 은혜를 주셔서, 결국 사망에 이를 자였던 자신을 대신해 죽으시고 사망을 이기신 그리스도를 바라보고 나오게 하시는 것입니다. 자신이 본질상 부패한 죄인이라는 사실을 아는 자체가 은혜입니다. 하나님은 이것을 깨닫게 하시려고 택한 자라도 죄 중에 두십니다.

그런데 오늘 본문에 나와 있는 "내버려 두사"라는 말은, 일정한 하나님의 섭리 가운데에서 성도에게 죄를 허용케 하시는 이런 구원적 섭리의 뜻보다 훨씬 더 일반적이고 보편적인 것을 이야기하고 있습니다. 그것은 죄인들에 대한 심판적 의미입니다. 그것은 죄를 짓되 죄인 줄 모르는 자들을 여전히 죄 가운데 있게 하시므로, 저들이 훗날 받을 영원한 심판의 그 비참함을 미리 맛보게 하시는 일입니다. "이 세상에 그 많은 죄 중에서 하나님은 무엇을 하고 계시는가?"라고 묻는다면, "하나님은 공의를 행하고 계십니다." 이게 답이에요. 악이 이토록 많은데, 하나님이 어떻게 공의를 행하고 계시다는 건가요? 그 악의 존재 자체, 악을 행하도록 내버려 두시는 일 자체가 저들에게 악에 악을 쌓고 심판에 심판을 더하는 것이 되기 때문입니다. 그리고 하나님은 이미 이 땅에서 그들에게 그 죄로 인한 비참함을 맛보게 함으로 공의를 행하고 계십니다. 죄를 행한 자가 죄를 한 번 짓고 스스로 돌아서는 일이 있나요? 죄를 행한 자는 하나님의 진노 아래서 그 죄로 인해 더욱더 사악한 정욕의 구렁텅이로 들어가게 됩니다. 인생 중에 파멸을 당하는 직전까지도 하나님은 그들이 죄를 짓게 허락하십니다. 그러므로 나중에 하나님의 의지가 실행될 그때가 되면, 그들은 완전한 파멸을 당하게 됩니다. 그들은 점점 죄의 수렁에 빠져들면서, 마지막 날에 자기들이 당할 완전한 파멸과 심판을 조금씩 맛보아 알게 됩니다. 그리하여 "이 땅에서 죄 가운데 있는 이 악에 대하여 하나님은 무엇을 하시는가?"라고 묻는다면 이렇게 대답할 수 있습니다. "그들 중에 하나님이 택한 백성이 있을진대, 그들에게는 그리스도 앞으로 나오게 하는 은혜를 베푸실 것입니다. 하나님은 지금도 심판을 연기하시고 은혜 가운데 계십니다. 그러나 끝내 멸망할 자들에게는 그것 자체가 이미 공의를 행하고 계시는 것이 됩니다."

내버려 두사

"내버려 두사"의 내용을 좀 더 구체적으로 살펴보겠습니다.

"그러므로 하나님께서 그들을 마음의 정욕대로 더러움에 내버려 두사 그
들의 몸을 서로 욕되게 하게 하셨으니 이는 그들이 하나님의 진리를 거짓
것으로 바꾸어 피조물을 조물주보다 더 경배하고 섬김이라 주는 곧 영원
히 찬송할 이시로다 아멘"(24-25절).

24-25절을 보면 하나님이 그들을 정욕대로 내버려 두사 결국 더
러운 일에 들어가게 하신다고 나옵니다. 왜 그렇게 하십니까? 24절
이 "그러므로"로 시작하니 그 원인은 21-23절에서 찾을 수 있습니
다. 21절을 보니, 그들은 하나님을 알면서도 하나님을 영화롭게 하지
아니하였습니다. 따라서 하나님은 불경건한 모든 죄악의 결과로 그
들을 정욕대로 행하게 놔두신 것입니다. 어떤 사람들은 "그들이 하나
님을 모른다고 핑계할 수 있지 않은가?"라고 물을 수 있습니다. 그러
나 성경은 핑계할 수 없다고 분명히 말합니다. "아니, 나는 하나님을
몰라서 안 믿었는데 어떻게 핑계할 수 없다고 하는 거지? 이렇게 말
도 안 되는 것이 있는가?"라고 저항할 때도, 성경은 그들이 하나님을
절대로 모른다고 말할 수 없는 만큼의 지식은 있다고 말합니다. 사실
"하나님이 살아 계시다면 저들을 저렇게 놔두면 안 되지"라는 말 자
체가 하나님을 아는 지식입니다. 이 말은 핑계할 수 없는 일정한 지

식을 반증해줍니다. 공의의 감각이 있는 것입니다. 어떤 사람은 "정말 하나님이 계신지 모르겠다. 나는 하나님을 안 믿지만 자연의 질서를 보면 이것은 누군가가 만들었다고 해도 믿을 만하다"라고 말합니다. 무신론자나 자연주의자들이 "이 우주의 질서는 조화롭고 균형이 있어서 하나님이 계시다는 걸 믿는 사람이라면 그 하나님이 만들었다고 생각할 만하다."라고 말하는 것입니다. 그런데 그들은 하나님이 계신 것을 알 수 있는 아무 증거가 없다며 다시 부인해 버립니다. 자신의 말 자체가 이미 증거인데 말입니다.

그런데 그런 사람이 회개하고 돌아오면 그 사람의 말이 완전히 바뀝니다. 그는 자기가 본 모든 것을 하나님이 계시다는 증거로 내세우기 시작합니다. 우주의 질서, 인간의 복잡한 조화, 인간의 양심, 모든 윤리 감각, 역사 속의 섭리와 결과 등을 믿고 나서 보면 다 증거로 보입니다. 이전에도 알았으나 하나님을 모른다고 말했을 뿐입니다. 그래서 핑계할 수 없습니다. 현상을 똑같이 이해하는데 해석에서 갈리는 것입니다. 갈릴 때에, "그게 하나님이 계시다는 증거 아니냐?"라는 물음에 그들은 "그게 무슨 증거가 돼?"라고 말하는 순간에도 사실은 부인할 수 없는 증거라고 할 만한 이유가 있음을 알지만 동의하지 않는 것입니다.

그리고 22절에 나온 대로 그들은 "스스로 지혜 있다"고 하면서 결국 하나님을 부정하고 자기의 지혜로 선택을 합니다. 자기의 지혜를 옳다고 여긴 것입니다. 그 결과 무슨 선이 있을까요? 24절에 나온 것처럼 자기 정욕대로 선택한 결과는 더러움뿐입니다. 죄로 인하여 몸과 영혼이 파멸에 던져지고, 거룩한 하나님 나라에 들어갈 수 없는 더러운 자가 되는 것입니다. 그리고 "하나님의 진리를 거짓 것으로 바꾸었다"고 하는데, 여기서 "거짓 것"은 바로 "스스로 지혜 있다" 하는 것입니다. 하나님의 진리를 버리고 피조물인 자기의 생각을 조물주의 생각보다 더 옳다 말하고 경배하고 섬기니, 세상에 이런 악과 부조화가 어디 있습니까? 25절에 보면 영원히 찬송할 그분을 내치고 스스로 옳다 하니 그것이 죄라는 것입니다.

"내버려 두사"의 두 번째 내용을 볼까요?

"이 때문에 하나님께서 그들을 부끄러운 욕심에 내버려 두셨으니 곧 그들의 여자들도 순리대로 쓸 것을 바꾸어 역리로 쓰며 그와 같이 남자들도 순리대로 여자 쓰기를 버리고 서로 향하여 음욕이 불 일듯 하매 남자가 남자와 더불어 부끄러운 일을 행하여 그들의 그릇됨에 상당한 보응을 그들 자신이 받았느니라"(26-27절).

26-27절에 나오는 "부끄러운 욕심"에서 부끄럽다는 말은 매우 부드러운 번역입니다. 27절에서 이 말은 성적인 도착을 가리킵니다. 하나님이 자연 질서 아래 만드신 정상적인 성관계는 혼인관계의 남성과 여성 안에서 이루어져야 하는데 혼인의 틀은 고사하고 남자가 남자를, 여자가 여자를 범하는 그 모든 일을 가리켜 부끄럽다며 수치스러움의 극치를 표현하는 것입니다. 하나님은 역겹고 더럽고 수치스러운 일을 그들이 그대로 행하도록 내버려 두셨습니다. 동성애는

병리 현상이 아니고 죄입니다. 인간의 죄성은 어떤 부분에서 병리적 현상이 있다고 할 수 있습니다. 도벽이 있는 사람이나 성도착증 환자는 어떤 치료를 받아야 합니다. 하지만 그것을 넘어 거기에는 근본적인 죄의 성질이 있습니다. 순전하게 비윤리적으로, 생물학적 인과관계로 자신의 행동을 설명하고 중성화시킬 수 없습니다. 하나님이 죄라고 하신 것을 죄로 알고 돌이켜 회개하는 은혜의 역사와 영적인 변화를 주된 목적으로 하면서 이에 필요한 부분이 있다면 병리적인 측면에서 도움을 받을 수 있습니다. 그렇다고 해서 죄인의 도착적 행위가 하나님 앞에서 심판을 피할 만한 하나님의 계명과 상관없는 행동이 아니라는 말입니다.

오늘날 세상은 동성애에 대해 "그것은 죄가 아니라 병리다"라고 말하는 것을 넘어서 아예 그 자체를 하나의 순리로 봅니다. 지금 세상이 거기까지 갔습니다. 전에는 "죄가 아니다, 어쩔 수 없는 질병의 요소다."라고 주장하더니, 이제는 치유할 이유가 없는 하나의 자연적 순리이자 자연의 한 부분으로 봅니다. 이것은 포스트모더니즘에서 나온 발상의 결과입니다. 그러나 하나님은 레위기 20장 13절에서 "누구든지 여인과 동침하듯 남자와 동참하면 둘 다 가증한 일을 행함인즉 반드시 죽일지니"라고 분명히 말씀하셨습니다. 그리고 그런 일을 행하는 자는 결단코 하나님의 나라에 들어가지 못한다고 말씀하셨습니다.

28-31절의 내용은 우리가 흔히 보는 일입니다. 먼저 28절을 보겠습니다.

"또한 그들이 마음에 하나님 두기를 싫어하매 하나님께서 그들을 그 상실한 마음대로 내버려 두사 합당하지 못한 일을 하게 하셨으니"(28절).

여기서 "상실한 마음"이란 마음이 없어졌다는 것이 아니라 망가졌다는 것입니다. 그래서 정상적이지 않은 것입니다. 하나님이 만드신 온전한 정품이 아니라 가짜라는 말입니다. 이미 썩어 부패한 마음입니다. 그렇게 제 기능을 못하는 마음을 그대로 내버려 뒀으니, 스스로 지혜 있다 하나 역기능을 내고 제대로 기능을 다하지 못합니다. 그래서 결과적으로 사랑과 거룩에 정반대인 모습이 나타납니다. "만물보다 거짓되고 심히 부패한 것은 마음이라"(렘 17:9). 만물보다 거짓되고 심히 부패한 마음이 바로 28절에 나온 "상실한 마음"입니다.

그때 어떤 일이 나타납니까? 사람이 마음에 하나님 두기를 싫어하자 하나님이 그들을 부패한 마음대로 내버려 두셨습니다. 마음에 하나님을 두기 싫어했다는 말을 원문 그대로 직역해보면 "하나님을 알아가는 일을 못마땅한 것으로 여겼다"는 뜻입니다. 그들이 하나님을 알아가는 것을 가치 있고 합당하고 적절하고 귀한 일로 여기지 않았다는 것입니다. 즉 "하나님을 아는 일이 인간에게는 전혀 필요 없고 그 자체가 무가치한 일이다. 오히려 잘 어울리지 않는 일이요, 인간을 해롭게 하는 일이다."라고 생각한 것입니다. 마음에 싫어하는 것은 단순히 정서적 측면이나 감정적 측면에서 싫어하는 것이 아니라 뚜렷한 전 인격의 결단입니다. 그들의 그런 결단은 "세상에 두지 못할 것 하나를 제거하자. 그게 하나님이다"라고 말하는 것과 같습니다. 그들은 그런 마음으로 교회, 그리고 예수 그리스도의 복음을 없애버리려 합니다. 그래야 세상이 세상다워지고 제대로 돌아간다고 여기는 것입니다. 하나님은 그들의 비뚤어진 그 마음을 내버려 두셨습니다.

"곧 모든 불의, 추악, 탐욕, 악의가 가득한 자요 시기, 살인, 분쟁, 사기, 악독이 가득한 자요 수군수군하는 자요"(29절).

"불의"는 하나님의 의로움에 반대되는 행동, 윤리적으로 나쁜 것, 비난받을 일을 적극적으로 행하고자 하는 것을 말합니다. 그리고 "추악과 탐욕"은 절제와 반대로 많은 것을 향해 욕망으로 가득 차 있고 생각과 계획에 "악의가 가득한 것"입니다. 그 다음에 "시기, 살인, 분쟁, 사기, 악독이 가득한 자"가 나옵니다. 시기는 질투와 탐욕이고, 살인은 다른 사람의 생명과 인격을 부숴버리는 행위나 마음을 가리킵니다. 분쟁은 자신의 욕망을 채우고자 다툼과 불화를 서슴지 않는 태도를 말합니다. 사기는 속이는 일, 악독은 악한 일을 행하고자 하는 행동과 태도입니다. "수군수군하는 것"은 남들이 듣지 않게 뒤에서 은밀히 헐뜯는 중상모략이고, "비방"은 대놓고 남을 헐뜯는 일입니다. 그리고 이어서 열두 가지 죄악상이 나옵니다. 따라서 본문에는 모두 스물한 가지의 죄악상이 열거됩니다.

"비방하는 자요 하나님께서 미워하시는 자요 능욕하는 자요 교만한 자요 자랑하는 자요 악을 도모하는 자요 부모를 거역하는 자요 우매한 자요 배약하는 자요 무정한 자요 무자비한 자라"(30-31절).

30절은 "하나님께서 미워하시는 자"라고 번역되어 있는데, 원문의 의미로 보면 이는 '하나님을 미워하는 것'을 뜻합니다. "하나님께서 미워하시는 자"라는 이 소유격 형태는 미워하는 주체가 될 수도 있고 미움의 객체가 될 수도 있습니다. 그래서 대부분의 주석가는 본문에 계속 죄악상이 나오고 있기 때문에 "하나님께서 미워하시는 자"를 하나님을 미워하는 마음이라고 해석한 것입니다. 하나님을 거추장스럽다고 말하고 제발 좀 사라져 달라고 하는 것입니다. "능욕"은 남을 능멸하고 거만하고 잔인하게 대하는 태도이고, "교만"은 자기의 합당한 분수를 넘어 스스로를 높이고 타인을 누르는 태도입니다. "자랑하는 자"는 마치 돌팔이 의사처럼 가진 것이 없는데 있는 것처럼 떠들어대며 신뢰 없이 행하는 사람이고, "악을 도모하는 자"는 악을 행하기 위해 온갖 꾀를 다 내는 사람을 가리킵니다. "부모를 거역하는 자"는 권위와 질서를 무너뜨리고 제5계명을 하찮게 여기는 사람입니다.

31절에 "우매한 자"는 하나님의 교훈과 충고를 무시하는 사람을 의미합니다. 분별력이 없고 지혜롭지 못한 것입니다. "배약하는 자"는 자기의 이익을 위해서 양심의 가책 없이 약속을 저버리는 사람으로, 그에게는 진실성이 없습니다. "무정한 자"는 가장 가까운 부모와 자식 사이에도 애정을 나누지 못할 만큼 감각이 무딘 사람으로, 오늘날 우리 주변에 이런 사람들이 많이 있습니다. 안타깝게도 우리나라에서 가장 크고 절대적인 사랑이라 믿었던 부모 자식 간의 사랑이 곳곳에서 산산조각 나고 있습니다. "무자비한 자"는 다른 사람의 고통을 매정하게 외면하고, 긍휼을 베풀 줄 모르며, 악을 더하는 일에 주저하지 않는 사람입니다. 예를 들어, 강도 맞은 자를 외면하고 지나간 자들은 모두 무자비한 자입니다. 주님이 그렇게 말씀하셨습니다.

하나님은 이런 모든 죄악을 내버려 두셨는데 중요한 것은 32절입니다.

"그들이 이같은 일을 행하는 자는 사형에 해당한다고 하나님께서 정하심을 알고도 자기들만 행할 뿐 아니라 또한 그런 일을 행하는 자들을 옳다 하느니라"(32절).

그런 죄악을 행하는 자들은 자기들이 사형을 당할 거라는 사실을 이미 압니다. 자연을 통해서 알고 양심을 통해서 압니다. 어떤 사람이 악에 대해 공의의 심판이 있어야 한다고 생각하는 것 자체는 이미 하나님이 악을 심판하실 거라는 사실을 알고 있는 것입니다. 그런데 오히려 그들은 그걸 넘어서 자기들만 악을 행할 뿐 아니라 그런 일을 행하는 자들을 옳다고 말하는 지경에까지 이릅니다. 오늘날 하나님이 보시는 세상은 이런 세상입니다.

하나님은 이런 세상 속에서 까닭 없이 사랑하는 자들을 불러내셔서 변화시켜주십니다. 그리고 하나님의 말씀을 사랑하는 자로 만들어주십니다. 하나님은 우리가 그분의 말씀을 대할 때마다 자신을 바로 볼 줄 아는 마음을 갖고, 더럽고 참담한 죄악상에서 자신이 어떻게 건짐을 받았는지를 알고, 새사람으로 살아가도록 이끄십니다. 이 세상 가운데 구원의 길이 있습니까? 오직 예수 그리스도 외에는 구원이 없습니다. 오직 성령님의 새롭게 하심 외에는 우리의 마음을 바꿀 다른 방법이 없는 것입니다. 이 세상에 있는 모든 것은 부패하고 썩었습니다. 썩은 생선은 냉동고에 넣는다고 새로워지지 않습니다. 이 세상의 종교적 경건과 도덕적 노력도 그저 멀쩡한 생선을 썩지 않게 해보려고 냉동시키는 것에 불과합니다. 하지만 원래부터 썩은 생선을 새롭게 하지는 못합니다. 결국 하나님의 말씀만이 우리를 새롭게 바꾸는 것입니다. 이 은혜를 입고 주의 백성으로 살아갈 수 있는 것에 감사하는 여러분이 되기를 바랍니다.

7. 네가 너를 정죄함이니

그러므로 남을 판단하는 사람아, 누구를 막론하고 네가 핑계하지 못할 것은 남을 판단하는 것으로 네가 너를 정죄함이니 판단하는 네가 같은 일을 행함이니라. 이런 일을 행하는 자에게 하나님의 심판이 진리대로 되는 줄 우리가 아노라. 이런 일을 행하는 자를 판단하고도 같은 일을 행하는 사람아, 네가 하나님의 심판을 피할 줄로 생각하느냐. 혹 네가 하나님의 인자하심이 너를 인도하여 회개하게 하심을 알지 못하여 그의 인자하심과 용납하심과 길이 참으심이 풍성함을 멸시하느냐. 다만 네 고집과 회개하지 아니한 마음을 따라 진노의 날 곧 하나님의 의로우신 심판이 나타나는 그 날에 임할 진노를 네게 쌓는도다. 로마서 2:1-5

남을 판단하는 것으로 도리어 정죄를 받는다

"이 세상 사람들은 모두 죄인이요, 하나님의 진노 아래 있다." 우리는 이 말씀 앞에서 이렇게 생각할 수 있습니다. "세상 사람들도 상당히 높은 수준의 윤리와 도덕을 말하지 않는가?" 실제로 다른 종교도 그렇고, 다른 철학자도 그렇고, 또 나름대로 성실하게 살아온 사람들은 도덕과 윤리, 인류의 도리에 대해 상당히 높은 수준의 가르침을 줍니다. 우리나라의 좋은 풍습을 봐도 알 수 있듯이 기독교가 우리나라에 들어오기 전에도 우리 조상들은 도덕적으로 선한 것이 무엇인지를 알고 살았습니다. 부모를 공경해야 한다는 것을 기독교의 복음이 전해지고 알았다고 하는 사람은 아무도 없습니다. 따라서 선악을 분별하고 선을 권하고 칭송해 온 인류의 보편적인 가르침을 생각할 때, "인류는 모두 하나님의 진노 아래에 있다"고 말하며 이것을 진리라고 하는 것은 조금 지나친 이야기라며 반문할 수 있습니다. 오늘 본

문은 그러한 반문에 대한 적절한 답으로 우리에게 올바른 가르침을
전해줍니다.

"그러므로 남을 판단하는 사람아, 누구를 막론하고 네가 핑계하지 못할
것은 남을 판단하는 것으로 네가 너를 정죄함이니 판단하는 네가 같은 일
을 행함이니라"(1절).

사도 바울이 유대인의 오류, 그들의 문제점을 지적하는 본문의
내용은 앞서 제기했던 질문에 대한 답을 얻는 데 중요한 힌트를 줍니
다. 1절에 "그러므로 남을 판단하는 사람아"라는 말은 일반적으로 남
을 판단하는 모든 사람을 일컬으면서, 뒤에 이어지는 내용을 보면 문
맥상 유대인을 가리킨다는 것을 알 수 있습니다. '판단'이라는 말은
뒤에 나오는 '정죄함'과 연결되어, 옳고 그름을 따져 죄와 잘못을 정
죄하는 일을 의미합니다. 즉, 여기서 남을 판단하는 사람은 이방인을
죄인이라 하는 자, 곧 '유대인'을 말하는 것입니다.

그들은 하나님의 말씀을 맡고 율법을 가지고 있던 자들로 고상한
지식이 많다고 자부하며 실제로도 "이방인에게는 소망이 없고, 유대
인인 우리에게만 소망이 있다"고 선포했던 사람들입니다. 그러므로
남을 판단할 만한 지식이 있는 유대인들을 향하여 "누구를 막론하고
네가 핑계하지 못할 것은 남을 판단하는 것으로 네가 너를 정죄함이
니"라고 말을 이어가는 것은, "사람이 하나님 앞에서 심판받는 일이
남을 판단할 만한 지식이 있다고 피할 수 있거나 옳다고 인정받을 수

있는 것이냐?"라는 반문을 담고 있는 것입니다.

본문에서 1절은 "네가 남을 정죄하고 판단할 만한 지식이 있거나 옳고 그름을 판단할 만한 지식이 있더라도, 해야 할 일은 하지 않고 하지 말아야 할 일을 행하니 너 또한 심판을 받을 것이며 그 일에 대하여 핑계하지 못할 것이다"라고 말합니다. 핑계한다는 말은 자신의 죄를 스스로 변호하여 무죄를 주장한다는 말입니다. 그렇다면 유대인들은 왜 핑계할 수 없을까요? 그 이유는 이방인에게 주어진 말씀을 통해 알 수 있습니다. 1장 18-19절은 이방인들에게 이렇게 말합니다.

"하나님의 진노가 불의로 진리를 막는 사람들의 모든 경건하지 않음과 불의에 대하여 하늘로부터 나타나나니 이는 하나님을 알 만한 것이 그들 속에 보임이라 하나님께서 이를 그들에게 보이셨느니라."

이방인들이 핑계할 수 없는 이유는 하나님의 객관적 계시가 있었고, 하나님이 그들에게 하나님을 알 만한 것을 보이셨으며, 창세로부터 그의 보이지 아니하는 것들 곧 영원하신 능력과 신성을 만물에 보이셨기 때문입니다. 따라서 이방인들도 이러한 하나님의 계시로 인해 핑계할 수 없으니, 유대인들은 더욱더 핑계할 수 없다는 것입니다.

왜 그렇습니까? 유대인은 하나님의 말씀을 맡은 자이기 때문입니다. 하나님의 말씀을 맡았으니 자연 안에서 계시로 보여주신 계시의 선명도가 하나님의 말씀으로 풀어 가르친 계시의 선명도에 비추어 볼 때 비교도 안 된다는 것이죠. 즉, 이방인도 자신의 악행에 대하여 핑계할 수 없거늘, 유대인은 하나님의 말씀을 맡은 자요 언약 백성이니 그 점을 고려할 때 유대인이 이방인을 판단하고 정죄하지만, 정죄하는 너희 유대인도 정죄하는 그 기준에 따라 살지 않으면 하나님이 너희의 악행에 대해 정죄하실 것이며 너희는 더욱더 핑계거리를 찾지 못할 것이라는 말입니다.

> "이런 일을 행하는 자에게 하나님의 심판이 진리대로 되는 줄 우리가 아노라"(2절).

본문 2절 말씀은 하나님이 금하신 일을 행하는 자는 사형에 해당한다는 것을 유대인 너희가 더 잘 알지 않느냐는 말입니다. 1장 32절은 "그들이 이같은 일을 행하는 자는 사형에 해당한다고 하나님께서 정하심을 알고도 자기들만 행할 뿐 아니라 또한 그런 일을 행하는 자들을 옳다 하느니라"라고 말합니다. 따라서 본문에서 이야기하는 것은 "그러한 이방인들에 비해 너희는 얼마나 더 잘하는가? 하나님의 심판이 진리대로 된다고 했을 때 2장 1절에 나온 대로 너희가 핑계하지 못할 것이다"라는 말입니다.

> "이런 일을 행하는 자를 판단하고도 같은 일을 행하는 사람아, 네가 하나님의 심판을 피할 줄로 생각하느냐"(3절).

본문에서 기억할 점은 첫 번째, 남을 판단하는 행위 자체가 자기의 의를 입증하는 게 아니라는 것입니다. "아, 너 그렇게 하면 안 돼. 그건 악한 것이야."라고 하며 선악을 분별할 수 있는 지식을 가지고 다른 사람의 행위에 대해 선악을 가려낼 줄 아는 윤리의식과 도덕의식이 있는 것만으로 그 사람을 의로운 자라고 하지 않는다는 것입니다. 남에게 훈수를 둘 때, 남의 잘잘못을 가려낼 때, 그로써 비방이나 칭찬을 할 때, 즉 선생이나 판단자의 위치에서 그렇게 행할 때는 자신이 제법 의로운 사람인 것 같이 착각하게 됩니다. 이는 가르치는 자가 빠지기 쉬운 함정입니다. "선 줄로 생각하는 자는 넘어질까 조심하라"라는 말씀의 뜻이 거기에 있고 "선생 되기를 나서서 즐거워하지 말라"는 경계의 말씀도 그런 의미를 지니고 있습니다. 하나님의 말씀을 풀어서 전하는 목사는 늘 주의해야 합니다. 말씀을 가르치는 자는 말씀을 가르친다고 해서 자신이 의를 이룬 자가 된 것인 양 착각해서는 안 됩니다. 남을 판단하고 다른 사람의 잘잘못을 분별할 줄 아는 그 행위 자체가 그 사람의 의를 입증하는 것은 전혀 아닙니다.

두 번째, 판단하는 그 지식에 따라 행할 것은 행하고 금할 것은 금하는 실천적인 순종이 있어야 진정으로 의롭다는 사실입니다. 즉, 분별이 아니라 분별하는 그 지식으로 행해야 비로소 그 사람이 의로운 자가 될 수 있는 것입니다.

세 번째, 그 지식에 따라 남을 판단하고 자신은 그것을 행하지 않을 때, 그는 몰라서 그것을 못했다고 결코 핑계할 수 없다는 것입니다. 왜냐하면 남을 이미 판단했기 때문입니다. 그러니까 남을 판단하기를 좋아하는 사람은 남을 판단하는 그 지식에 맞게 행해야 할 마땅한 도리가 있는 것이고, 그것을 하지 않았을 때 "아, 나는 몰라서 못했습니다"라는 말을 결코 할 수 없습니다. "몰라서 못할 수 있는가? 몰라서 못했다면 어찌하여 남을 판단했는가?"라고 하는 것이죠. 즉, 훗날 하나님 앞에서 우리가 자신의 죄악상을 변명할 때 "저는 몰라서 못했습니다"라는 말을 많이 할 텐데, 그때 하나님은 다 드러내셔서 "네가 몰라서 못했다고 했으나 사실은 네가 다 안다"라고 말씀하실 것입니다. 우리가 "제가 어떻게 안다고 말씀하십니까? 제가 알았으면 어찌 안 했겠습니까?"라고 말한다면, 주님은 우리가 모르지 않는다는 사실을 알려주시기 위해 우리가 살면서 다른 사람들을 판단한 것을 다 보여주실 것입니다. 우리가 남을 판단할 때 말했던 것들, "예수 믿는 사람이 어떻게 그럴 수 있느냐", "신앙인이 어떻게 그럴 수 있느냐", "사람이 어떻게 그럴 수 있느냐", "자식으로서 어떻게 그럴 수 있느냐", "친구 사이에 어떻게 그럴 수 있느냐", "이웃끼리 어떻게 그럴 수 있느냐", "대통령, 국회의원이 어떻게 그럴 수 있느냐", "기업가가 어떻게 그럴 수 있느냐" 같은 것은 결국 하나님 앞에서 자기가 어떤 자인지를 드러내는 것으로 사용될 것입니다. 남을 판단하는 데는 빨랐으나 스스로 행하지 않은 자가 훗날 자기를 변명하며 몰라서 못했다고 절대로 말할 수 없다는 것입니다. 그러므로 남을 판단하고 정죄하는 일이 빠를수록 하나님도 그 판단으로 우리를 그대로 보실 것입니다. 이는 결국 남을 판단한 그 판단이 너를 정죄할 것이라는 이치를 말하는 것입니다. "유대인들아 너희가 이방인을 정죄하는데 이방인을 정죄한 대로 너희가 행하지 아니하니, 너희가 스스로 너희를 정죄함이 아니겠느냐?"

3절에 "이런 일을 행하는 자를 판단하고도 같은 일을 행하는 사람아, 네가 하나님의 심판을 피할 줄로 생각하느냐"라고 나오는데, 이는 절대로 피할 수 없고 너희도 예외가 아니라는 말씀입니다. "너희가 이방인들과 같은 악을 행하면서도 유대인이라는 사실 자체만으로 하나님의 심판을 피할 수 있을 것이라 생각하면 그것은 정녕 잘못된 착각이다. 하나님은 유대인이든 이방인이든 악을 행하는 이들을 똑같이 심판하신다. 결코 너희는 하나님의 심판 앞에서 너희 자신을 핑계할 수 없다. 오히려 더욱더 정죄가 클 것이다." 그 이유가 무엇입니까? 4절을 보겠습니다.

"혹 네가 하나님의 인자하심이 너를 인도하여 회개하게 하심을 알지 못하여 그의 인자하심과 용납하심과 길이 참으심이 풍성함을 멸시하느냐"(4절).

이 말씀은 다음과 같은 사실을 교훈합니다. "하나님이 너희를 향해서는 이방인보다 훨씬 더 큰 은혜를 베푸셨다. 하나님이 너희를 인도하여 회개하게 하려고 너희에게 베푸신 은총이 얼마나 큰지 생각해보라. 첫째는 그의 인자하심이요, 둘째는 용납하심이요, 셋째는 오래 참으심이라. 이 인자하심과 용납하심과 오래 참으심으로, 하나님은 너희의 죄를 그때그때 심판하지 않으시고 악행에 대한 심판을 미루시고 모세의 율법과 아브라함의 언약을 기초로 너희를 불러 자녀 삼으시고 그분의 말씀에 따라 너희의 죄인 됨을 드러내시고 돌이켜 회개하게 하시는 은혜를 베푸셨다. 하나님이 그런 사랑으로 너희를 거룩한 주의 백성으로 삼으시고 많은 은혜를 주셨는데, 너희가 돌이킬 줄 모르고 여전히 악행 가운데 있으면서 이방인들만 판단하니 결국 너희에게 베푸신 하나님의 선하신 은총을 너희가 멸시함이 아니냐. 차라리 이방인이 너희보다는 하나님을 덜 멸시하는 것이다."

어느 것이 더 큰 죄일 것 같습니까? 하나님을 모르는 이들이 하나님을 멸시하는 죄를 범한 것과 하나님을 안다고 말하면서 하나님을 멸시하는 죄를 범한 것 중 어느 죄가 더 크겠습니까? 하나님을 멸시한 죄는 똑같아도 하나님을 몰라서 그랬다면 그렇다고 치지만, 하나님을 안다고 하는 자들이 그분을 멸시한 죄는 그들이 안다고 한 것만큼 더 큰 죄가 됩니다. 왜냐하면 하나님을 안다는 것은 그분의 은혜를 아는 것이기 때문입니다. 하나님을 안다는 것은 하나님의 은혜로 그분의 백성이 되었고 "하나님은 우리의 왕이시고 아버지 되시며 우리를 인도하시는 목자입니다"라고 고백하면서 하나님과 사랑의 관계 아래 있다는 것인데, 그러면서 하나님을 멸시하는 것은 있을 수 없는 일입니다. 하나님을 안다고 하는 사람이 진실하다면, 그가 하나님을 멸시하는 일은 있을 수 없습니다. 그런데 안다고 하면서 멸시하는 이들이 있으니, 그것이야말로 하나님께 받은 은혜를 악으로 갚는 것이지 않습니까? 지은 죄에 더하여 배은망덕의 죄까지 범하게 됩니다. 만일 "하나님이 왜 우리를 오래 참으시고 우릴 용납하시고 우리를 향하여 인자하심을 베푸시는지 아는가? 하나님이 왜 우리의 왕이 되시는지 아는가? 그것은 우리가 그만큼 하나님께 잘해드리기 때문이다."라고 생각한다면, 그는 정말 큰 영적인 뒤틀림 가운데 있는 것입니다. 그런데 유대인들이 그렇게 생각하기 시작한 것입니다. 그러니 그들은 절대로 하나님 앞에서 자신들의 악행을 돌아볼 줄 모릅니다. 오히려 자신들의 악을 변명하고 합리화하는 일에 빠집니다. 하나님은 이스라엘을 향하여 역겨워하시지만 이스라엘은 하나님을 향하여 "우리 하나님이시여 우리의 제사를 받으소서"라고 말하며 주 앞에 어깨를 더 활짝 폅니다. 하나님의 진노하심을 깨닫지 못하는 것입니다. 그래서 예레미야 때 예레미야 선지자는 이렇게 말합니다. "너희가 하나님의 심판과 그 징계를 달게 받아 바벨론의 포로가 되고 망해라. 어차피 하나님이 그분의 뜻 가운데 우리를 징계하실 것이니 바벨론의 공격을 받을 때 전투하지 말고 항복하여 너희 목숨을 건지고 하나님의 징계를 받으라. 그러면 때가 되어 하나님이 너희를 돌이키사 회복시키실 것이다. 이를 회개의 기회로 삼으라."

그런데 그때 거짓 선지자들이 예레미야에게 선포하지 못하게 하고 이스라엘에 대한 평강을 외칩니다. "하나님이 우리의 하나님이시거늘 어느 이방인이 우리를 치겠느냐? 하나님은 자기 백성을 지키시는 분이니, 이스라엘은 절대로 망하지 않을 것이다. 평강이다, 평강이다, 평강이다." 그들은 듣기 좋은 말만 합니다. 그리고 그 말을 신학으로 정당화합니다. "하나님은 아브라함의 언약을 기억하사 그분의 전능한 손길로 모세를 통하여 애굽에서 우리를 구하시고, 가나안 땅의 모든 족속을 몰아내시고, 우리를 세워주시려고 다윗 왕권을 이루셨다. 그런데 교회를 지켜 왔던 그 보호하심이 지금에 와서 교회를 무너지게 하시겠느냐. 이 성전을 무너뜨리게 두시겠느냐. 결코 그럴 일은 없을 것이다. 교회는 하나님의 보호하심으로 반드시 지켜질 것이다." 이렇게 평화를 말하는 내용은 신학적으로는 그럴듯해 보이지만, 이는 교회의 패역을 바라보시는 하나님의 중심을 전혀 해석하지 못한 것입니다. 말씀이 우리에게 주신 정직한 적용을 뒤틀고 "하나님은 사랑이시니까 우리가 어떻게 하든지 우리를 사랑하실 거야"라는 식으로 해석하는 것은 옳지 않습니다. 하나님이 우리에게 회개를 요구하실 때, 우리는 회개함으로 그 사랑을 받아야 하는데 하나님 앞에서 회개는 다 잊어버리고 그대로 죄악을 범하면서 "하나님은 사랑이시니 우리는 괜찮을 거야"라고 하는 것은 '사랑이 많으신 하나님'이라는 신학으로 죄악을 가리는 것입니다.

우리의 죄악을 미워하셔서 우리를 돌이켜 회개케 하시는 하나님의 뜻을 전혀 보지 못하면, 사람들이 보기에는 하나님을 잘 믿는 사람들이 모여 있는 것 같을지 몰라도, 하나님이 보실 때는 전혀 하나님과 상관없는 무리가 되고 맙니다. 그것이 구약 이스라엘의 마지막 때의 모습입니다. 그리고 70년 후, 하나님은 다시 그들을 가나안 땅으로 불러 성전을 회복하게 하셨습니다. 그런데 400년이 흘러 마침내 주님이 오실 때까지 유다 민족은 변화가 없었고, 예수님 당시에나 지금 사도 바울이 로마서를 쓰고 있는 때에도 여전하였습니다.

부드러운 마음으로 말씀을 받으라

"다만 네 고집과 회개하지 아니한 마음을 따라 진노의 날 곧 하나님의 의로우신 심판이 나타나는 그 날에 임할 진노를 네게 쌓는도다"(5절).

5절에서 "고집"은 완고함을 의미합니다. 돌처럼 딱딱하게 굳은 마음, 죄에 대해 감각이 없어진 마음입니다. 여기서 고집을 가리키는 헬라어는 동맥경화를 가리키는 'sclerosis'와 같은 단어입니다. 동맥경화란 동맥이 굳어진 것으로 불순물이 쌓여서 혈관이 좁아지고 굳어서 탄력을 잃어버리는 병입니다. 'sclerosis'는 '경화'란 뜻의 의학용어인데, 이는 헬라어가 그대로 영어로 쓰여서 의학용어가 된 말입니다. 이처럼 동맥이 굳어버리듯 영적 감각이 그대로 굳어버린 것입니다. 즉, 영적 감각과 마음이 단단한 돌처럼 굳어져서 하나님의 말씀이 들어가질 않는 상태입니다. 예전에 어린아이들에게 설교하면서 돌덩어리를 구해와서 물에 담가 놓은 적이 있습니다. "이것 봐라, 돌이 어떻게 됐니?" "젖었어요." "그러나 돌을 깨보면 어떨까?" 돌 속은 하나도 안 젖죠. 겉만 젖은 것이죠. 그러나 그것도 해가 뜨니까 다 말라버렸습니다. 마찬가지입니다. 우리는 죄의 욕망이 떠오르면 말씀에 젖은 것이 금세 말라 버립니다.

주님이 마태복음 13장에서 씨 뿌리는 비유를 말씀하신 것과 같은 것입니다. 돌밭에 떨어진 씨는 싹은 나지만 곧 시들어 열매를 맺지 못합니다. 돌 같은 마음은 완악하게 움츠리고 있으니까 말씀이

들어오지를 못하는 것이죠. 부드러운 심령 속, 부드러운 흙 속에 씨앗이 떨어져야 할 텐데 오히려 죄가 무엇인지 분별할 지식을 배울 생각도 안 하고 감정적으로 죄의 상태를 그대로 기쁘게 받아들이면서 의지적으로 죄를 짓고자 하는 결심에서 조금도 물러서지 않습니다. "이것이 죄냐? 이게 꼭 죄라고 할 수 있나?" 하며 자기 합리화의 작용이 일어나고 은근히 즐기는 죄의 즐거움을 마음속에 계속 살려 놓으면서 기회가 있으면 또 죄를 짓겠다는 실천적 의지가 조금도 물러서지 않는 상태가 5절의 "네 고집과 회개하지 아니한 마음"입니다.

결국 유대인들이 이런 상태에 있기 때문에 예수 그리스도의 말씀을 못 받아들인 것입니다. 그리스도께서 복음, 곧 하나님의 구약을 풀어 가르치실 때 대제사장과 서기관과 바리새인은 격한 분노로 부르르 몸을 떨었습니다. 정말 이상하지 않습니까? 그들도 성경의 교사인데 주님의 가르침을 미처 다 이해하지 못하고 주님을 죽여야겠다고 결심할 만큼 사사건건 그 가르침을 받지 못한 이유가 무엇일까요? 그것은 근본적으로 성경을 이해하는 방향이 달랐기 때문입니다. 말씀을 손에 들고 있으나 "무엇을 구하고자 하나님의 이름을 부르며, 무엇을 얻고자 말씀을 읽는가?"라는 질문 앞에 본래 하나님의 말씀의 참뜻을 깨달아 아는 데 미치지 못했습니다. 더 나아가 하나님의 말씀을 왜곡하기에 이르렀습니다. 사실 그것은 유대인들의 모습뿐 아니라 타락한 인류 전체의 상태입니다. 하나님의 의로우신 심판이 나타나면 그 심판은 의롭기 때문에 외식과 위선의 모든 악은 더 이상 감추어 있지 못하고 낱낱이 드러나게 될 것입니다.

그러므로 본문 말씀을 우리에게 이렇게 적용해볼 수 있습니다. 첫째, 가장 중요한 것은 종교성에 속지 말아야 한다는 것입니다. 유대인들은 종교성이 아주 뛰어난 사람들이었습니다. 그들은 자신들의 종교성, 곧 그 껍데기 안에 그대로 안주해 있으면서 하나님의 불꽃 같은 심판의 눈을 바로 보지 못했습니다. 그래서 그들은 이방인들을 향해서는 하나님의 말씀으로 정죄하면서도 같은 악을 행하는 자신들은 '종교성'이라는 껍질 안에 들어 있으니 괜찮을 거라고 생각했던 것입니다. 그 종교성의 껍질은 바로 "우리는 하나님의 언약 백성이다"라는 자부심이었습니다. "하나님의 율법을 갖고 있으니 우리는 의의 백성이다"라는 식의 자기 정체성에 대한 인정이었습니다. "우리는 할례를 받은 자가 아닌가? 저들과 구분되는 자들 아닌가? 할례를 받은 자들은 표지가 있다. 우리는 하나님의 말씀을 손에 들고 있는 자들로 아브라함, 이삭, 야곱, 모세, 우리의 선조가 모두 그렇다. 우리는 그렇게 특별한 하나님의 언약 아래 있는 백성이므로 괜찮다." 그들은 이렇게 생각했습니다.

그러나 하나님은 그들을 그렇게 보지 않으셨습니다. 이사야 29장 13절에 "주께서 이르시되 이 백성이 입으로는 나를 가까이 하며 입술로는 나를 공경하나 그들의 마음은 내게서 멀리 떠났나니 그들이 나를 경외함은 사람의 계명으로 가르침을 받았을 뿐이라"라는 말씀을 보시기 바랍니다. 이사야 시대에 주님은 저들이 입술로는 나를 공경한다고 말씀하셨는데 바로 그것이 껍데기, 종교성입니다. 주님은 이어서 "그러나 그들의 마음은 내게서 멀리 떠났고 이방인과 다를 것이 없다"고 말씀하십니다. 이것은 이사야 시대뿐 아니라 사울 왕조 때 사울의 전형적인 모습에서 드러나고, 사사기 시대에는 끔찍한 부패상으로 드러납니다. 오죽하면 스데반 집사가 "너희가 광야에서 하나님의 은혜를 입은 때부터 지금까지 하나님을 제대로 경배한 적이 한 번이라도 있었느냐"라고 말하겠습니까(행 7:51-53 참조). 그래서 그들이 그 말을 듣고 격분하여 스데반을 돌로 쳐 죽인 것입니다. 결국 예수님으로부터 시작해서 모든 사도와 스데반 집사와 바울까지 모든 하나님의 종들은 "주님이 보실 때 유대인들은 악하다. 너희 악함은 이방인의 악함과 하나도 다를 바가 없다"라고 말하며, 하나님 앞에서 유대 백성이 자신의 상태가 어떤지 스스로 정확히 보도록 계속해서 촉구했던 것입니다. 이에 대하여 유대인들은 이방인과 그들 자신을 동일하게 여긴다며 격분하고, 하나님의 언약을 빙자하여 자신들은 안전하다고 더욱더 강하게 반발했습니다. 제사장 중심 교권으로 단단하게 서 있는 종교체계 안에서 자기 보호와 안도감과 평화의 노래를 부르는 대제사장들과 서기관들은 자신들의 잘못을 인정할 수가 없었습니다. 그것은 자신들을 부정하는 것이며 그들이 누려온 교권의 자리가 다 무너져 버리는 것이 되기 때문입니다.

제사장들과 서기관들은 자신들을 따르면 하나님이 이스라엘을 지키실 거라고 주장하며 반발합니다. 그러나 예수님은 그것이 아니라고 말씀하십니다. 사도들도 그것을 아니라고 말합니다. 그러므로 이들이 보기에 예수님과 사도들은 살려 두어서는 안 될 자들입니다.

예수님 당시에도 마찬가지로, 하나님이 보실 때 참된 문제는 종교성이 아니라 종교성을 드러내는 그 영혼 중심, 마음 중심이 진실한가였습니다. 종교성에 열심을 가지고 포장을 하면서 진실하지 못한 신앙, 포장된 종교성으로 다른 이들을 마음대로 판단하는 것이 문제였던 것입니다. 자신의 진실하지 못함이 드러나지 않게 하기 위해 그들은 종교성으로 포장된 만큼 다른 이들에게 더욱더 정죄의 목소리를 높였습니다.

그래서 대제사장들과 그 무리는 힘을 다해 자신들의 주장을 내세웠습니다. 죄에 대해 죽을 자가 있다고 외치며 하나님이 선악에 대해 공의의 심판을 하실 때가 있다고 강조해 가르쳤습니다. 때가 되면 하나님이 악을 심판하시고 의인은 살게 될텐데, 너희는 어떻게 할 것이냐고 큰소리로 악을 썼습니다. 그러면서 자신들은 율법 앞에 의인이라고 확신하며, 백성에게 자기들을 본받으라고 했습니다. 그런데 예수님이 오셔서 "율법이 너희 죄를 드러내고 있는데 너희는 율법으로 너희 의를 주장하니 너희가 악한지, 의로운지 생각하라"라고 말씀하시면서 "너희 안에 껍질을 벗기니 의인이 없다"라고 선언해버리신 것입니다.

이 종교성의 틀 안에 있는 것은 아주 위태롭습니다. 교권 체계 안에 있는 것은 굉장히 위태로운 것입니다. 그런 이유로 마태복음 7장에서 예수님은 이렇게 말씀하셨습니다.

"비판을 받지 아니하려거든 비판하지 말라 너희가 비판하는 그 비판으로 너희가 비판을 받을 것이요 너희가 헤아리는 그 헤아림으로 너희가 헤아림을 받을 것이니라 어찌하여 형제의 눈 속에 있는 티는 보고 네 눈 속에 있는 들보는 깨닫지 못하느냐 보라 네 눈 속에 들보가 있는데 어찌하여 형제에게 말하기를 나로 네 눈 속에 있는 티를 빼게 하라 하겠느냐 외식하는 자여 먼저 네 눈 속에서 들보를 빼어라 그 후에야 밝히 보고 형제의 눈 속에서 티를 빼리라"(마 7:1-5).

이 말씀의 뜻을 본문 말씀과 연결해서 보면 7장 2절이 본문에 대한 해설의 한 축을 열어주는 것을 발견할 수 있습니다. "너희가 비판하는 그 비판으로 너희가 비판을 받을 것이요." 풀어서 말하면 이렇습니다. "너희가 비판을 받을 때 '나는 몰라서 그랬습니다'라고 절대로 변명할 수 없다. 너희가 비판하는 그 비판을 너희가 어찌 모르겠느냐. 그 비판이 너희를 비판할 것이요, 그 헤아림이 너희를 헤아릴 것이라." 5절에 "외식하는 자"는 자신의 들보는 보지 못하고 형제의 티를 보는 자를 가리킵니다. 이는 유대인들이 자신들의 악을 보지 못하는 것을 의미하는 것입니다. 죄를 깨닫게 하는 율법의 참된 의미를 깨닫지 못했던 것입니다.

한편 미련한 악이 판을 치면 마태복음 7장 15절에 나오듯이 거짓 선지자들이 나타납니다. 이 거짓 선지자들은 양의 옷을 입고 노략질하는 이리입니다. 누가 그러한 거짓 선지자이겠습니까? 간단합니다. 속으로는 노략질하는 이리이면서 양의 옷만 입고 있는 자입니다. 이러한 노략질하는 이리는 양 떼를 다 잡아먹습니다. 영적으로 해석하면, 잡아먹는 것은 양을 이리로 만드는 것과 같습니다. 왜냐하면 거짓 선지자에게 잡아먹히면, 거짓 선지자를 쫓아가 악의 무리에 속하게 되기 때문입니다. 잡아먹힌 양도 결국 겉으로는 신자처럼 양의 탈을 썼으나 속으로는 이리 새끼가 되고 맙니다.

행함이 있는 믿음

주님은 "열매를 보고 안다"고 말씀하셨습니다. "좋은 나무마다 아름다운 열매를 맺고 못된 나무가 나쁜 열매를 맺나니"(마 7:17). 열매를 안다는 것은 진실성을 의미합니다. 좋은 나무와 못된 나무 중 좋은 나무가 열매를 맺는 것은 자연스러운 성질입니다. 마태복음 7장 21절에 "주여 주여 하는 자마다 다 천국에 들어갈 것이 아니요 다만 하늘에 계신 내 아버지의 뜻대로 행하는 자라야 들어가리라"라고 하지 않습니까? 종교성이 아니라 그 마음의 중심, 참됨을 보는 것입니다. 이것은 행함으로 인하여 구원받는 것이 아니라 행함을 이루는 내면의 진실성을 의미합니다. 그래서 "우리는 주님의 뜻대로 살아야 마땅합니다"라는 고백을 마음속에 진실하게 가지고 그것을 행하는 자라야 천국에 들어갈 수 있다고 하는 것입니다.

야고보 사도가 "행함이 없는 믿음은 죽은 것이라"라고 한 말은 "참된 믿음은 열매를 맺느니라"라는 말과 같습니다. 그러므로 마태복음 7장 21절의 말씀은 "주여 주여" 하는 것이 종교성은 있지만 그렇게 "주여 주여"라고 부르는 그 믿음이 진실할 때 마땅히 있어야 할 열매가 나타나지 아니하는 사람은 찍혀서 불에 던져질 것이요 그 열매가 드러나서 하늘에 계신 아버지의 뜻대로 행하는 자라고 인정받는 자는 천국에 들어가게 된다는 말입니다. 열매는 구원에 이르게 하는 공로를 이루지 못합니다. 그러나 우리는 "주여 주여"하는 자의 종교성이 진실한 것인가를 그 사람의 열매를 통해 알 수 있습니다.

그러므로 "정녕 합당하게 믿느냐"는 물음은 우리 영혼의 속을 보시는 말씀이라 볼 수 있습니다. 22절에서 "주여 주여 우리가 주의 이름으로 선지자 노릇 하며 주의 이름으로 귀신을 쫓아 내며 주의 이름으로 많은 권능을 행하지 아니하였나이까"라는 말에 드러나는 것이 다 종교성입니다. 그들이 종교성과 종교적 능력을 드러내자 23절에서 예수님은 "내가 그들에게 밝히 말하되 내가 너희를 도무지 알지 못하니 불법을 행하는 자들아 내게서 떠나가라"라고 하십니다. 이는 '진실성'을 뜻하는 것으로 믿음에 있어서 외식과 위선은 설 자리가 없다는 의미입니다.

마태복음 7장에 비추어 볼 때 로마서 2장 1-5절 말씀은 행함으로 구원받는다는 뜻을 가르치는 것이 결코 아닙니다. 그와 반대로 "외식과 위선의 믿음이 너희를 구원하겠느냐"라며 외식과 위선의 믿음은 그날에 견디지 못할 것임을 일깨워 경고합니다. 외식과 위선의 믿음을 가진 자는 결단코 하늘에 계신 아버지 하나님을 사랑하지 않으며 그분의 뜻을 행하지 않기 때문입니다. 외식과 위선의 믿음으로는 의롭다 함을 받을 수 없습니다. 참된 믿음은 하나님의 말씀을 마음에 받고 완악한 마음이 아니라 마음의 할례를 받고 나아가는 것입니다. 그래서 7장 24절은 "그러므로 누구든지 나의 이 말을 듣고 행하는 자는 그 집을 반석 위에 지은 지혜로운 사람 같으리니"라고 말하며, 그런 사람을 가리켜 "듣고 행하는 자"라고 했습니다. 마태복음 13장에는 "말씀을 듣고 깨달아 열매를 맺는 자"라고 나옵니다. 듣고 깨달아 열매를 맺음을 여기서는 듣고 행함이라고 한 것입니다. 즉, 깨달아 열매 맺음을 합쳐서 행함이라 표현하며 "네 중심이 진실하냐"고 물으시는 것입니다. 그리고 26절에서는 "나의 이 말을 듣고 행하지 아니하는 자"를 말하며 위선과 외식이 있는 자를 "어리석은 사람"이라고 말씀하십니다.

본문에서 사도 바울은 이방인을 향하여 정죄하고 판단하면서 오히려 자신들의 악함과 외식과 위선을 드러내고 종교성에 가려져 하나님이 주신 교훈의 뜻을 하나하나 바르게 분별하지 못하는 유대인들의 어리석음을 책망합니다. 어느 때나 교회 안에는 이런 일이 있었습니다. 유대인들은 구약 교회에 속한 자들로, 사도 시대에 이미 신약 교회가 세워졌는데도 여전히 옛 교회에 머물러 있었습니다. 성경에 나오듯이 구약 교회가 악했던 것처럼 신약 시대 이후 지금까지도 교회에는 비슷한 양상을 보이는 일이 늘 있었습니다. 따라서 우리는 주님 앞에서 진실한 믿음을 합당하게 갖고 서야 합니다. 그렇게 될 때 아무도 하나님의 심판 앞에서 진노를 피할 자신의 의를 갖고 있는 자들은 없다는 사실을 인식하게 됩니다. 그것이 진실한 믿음의 시작입니다. "그러므로 하나님 앞에서 영원한 정죄 아래 있는 내가 하나님의 긍휼하심과 선하심이 아니면 살길이 어디 있겠는가?"라는 애통의 마음을 갖는 것이 진실한 신앙입니다.

그러나 외식과 위선을 행하는 자는 자신을 하나님 앞에서 의로운 자라 생각해서 "하나님이 나를 사랑하시지 않으면 누구를 사랑하시겠는가?"라고 생각합니다. 그리고 다른 이들을 판단합니다. 참된 신앙인은 비판하거나 판단하지 않습니다. 왜냐하면 그 판단으로 자신이 판단받을 줄 알기 때문입니다. 그 사실을 기억하고 참된 신앙과 믿음으로 살아가기 바랍니다.

8. 행한 대로 심판하시는 하나님의 공의

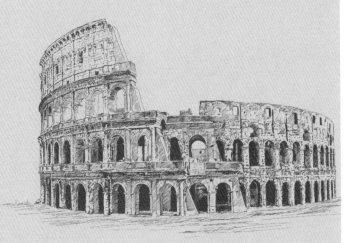

하나님께서 각 사람에게 그 행한 대로 보응하시되 참고 선을 행하여 영광과 존귀와 썩지 아니함을 구하는 자에게는 영생으로 하시고, 오직 당을 지어 진리를 따르지 아니하고 불의를 따르는 자에게는 진노와 분노로 하시리라. 악을 행하는 각 사람의 영에는 환난과 곤고가 있으리니 먼저는 유대인에게요 그리고 헬라인에게며, 선을 행하는 각 사람에게는 영광과 존귀와 평강이 있으리니 먼저는 유대인에게요 그리고 헬라인에게라. 이는 하나님께서 외모로 사람을 취하지 아니하심이라.

로마서 2:6-11

심판의 기준이 되는 행위

정말로 잊지 않고 기억해야 할 것은 마지막 날에 하나님이 각 사람을 그 행한 대로 구별하여 심판하신다는 사실입니다. 당황스러울 수 있습니다. 하지만 분명 마지막 날에 하나님은 우리를 양인가, 염소인가? 천국에 합당한 자인가, 아닌가? 구별하시는데, 그때 우리의 행위를 보십니다. 6절에는 "하나님께서 각 사람에게 그 행한 대로 보응하시되"라고 나오고 11절에는 "이는 하나님께서 외모로 사람을 취하지 아니하심이라"라고 나옵니다. 그렇다면 하나님의 의로우신 심판이 나타나는 진노의 날에 심판의 기준이 되는 것은 무엇입니까?

"하나님께서 각 사람에게 그 행한 대로 보응하시되"(6절).

하나님께서 각 사람에게 그 행한 대로 보응하신다고 합니다. 그리고 하나님은 외모로 사람을 취하지 않는다고 하셨는데 그 말은 무슨 뜻입니까? 겉보기로 취하지 않으시고 속을 확인하신다는 말입니다. 겉은 양인데 속은 늑대인 것처럼 겉은 신자인데 속은 신자가 아닌 사람을 구별하시는 것입니다. 그 실체를 드러내어 구별하시는 방식이 "행한 대로 보응하신다"라는 말로 표현된 것입니다.

> "참고 선을 행하여 영광과 존귀와 썩지 아니함을 구하는 자에게는 영생으로 하시고"(7절).

7절에 나온 대로 참고 선을 행하는 사람이 영생을 받습니다. 말씀 가운데 참고 선을 행하며 구하는 바가 영광이요, 존귀요, 썩지 아니함에 있는 사람들은 영생을 받는다고 분명히 나와 있습니다. 10절에도 그 내용이 반복되면서 영생을 얻는 자에 대해 강조합니다. 그리고 11절에 하나님은 외모로 사람을 보지 않으신다는 말이 나오는데, 이 말씀은 유대인이나 헬라인의 외모, 신앙인다운 외모, 다시 말해 아브라함의 혈통이나 세례받은 사실이 중요한 것이 아니라 실제로 선을 행했는가가 중요하며, 하나님이 그것으로 사람을 구별하겠다고 말씀하시는 것입니다. 즉, '행함'으로 구별이 됩니다.

반대로 영생이 아니라 영벌을 받는 자들은 어떤 자들인지 8-9절에 나옵니다.

> "오직 당을 지어 진리를 따르지 아니하고 불의를 따르는 자에게는 진노와

분노로 하시리라 악을 행하는 각 사람의 영에는 환난과 곤고가 있으리니 먼저는 유대인에게요 그리고 헬라인에게며"(8-9절).

그들은 무리를 지어 자기들끼리 힘을 합쳐서 진리를 따르지 않고, 자기들이 옳다 말합니다.

"그들이 이같은 일을 행하는 자는 사형에 해당한다고 하나님께서 정하심을 알고도 자기들만 행할 뿐 아니라 또한 그런 일을 행하는 자들을 옳다 하느니라"(롬 1:32).

하나님은 자기를 대적하는 자들, 곧 무리를 지어 진리를 거역하고 불의를 행하는 자들에게 진노와 분노로 대하십니다. 한마디로 악을 행하는 사람의 영에는 환난과 곤고가 있다는 것입니다. 그리고 선을 행하는 자에게는 영생을 주시며 마지막 심판 날에 그들을 구별해 주신다고 합니다. 그러면 이방인 가운데 영생을 받을 자가 있겠습니까? 이방인의 영적 상태는 이미 로마서 1장에 나와 있습니다. 21절을 보겠습니다.

"하나님을 알되 하나님을 영화롭게도 아니하며 감사하지도 아니하고 오히려 그 생각이 허망하여지며 미련한 마음이 어두워졌나니 스스로 지혜 있다 하나 어리석게 되어 썩어지지 아니하는 하나님의 영광을 썩어질 사람과 새와 짐승과 기어다니는 동물 모양의 우상으로 바꾸었느니라."

그들에게 영생이 있겠습니까? 본문 8-9절을 보면 그들에게는 멸망이 있을 뿐입니다. 1장 25절을 보면 그들은 하나님의 진리를 거짓 것으로 바꾼 자들, 진리를 따르지 않은 자들입니다. 그런 자들에게는 영원한 멸망이 있을 것입니다. 이어서 32절의 "그들이 이같은 일을 행하는 자는 사형에 해당한다고 하나님께서 정하심을 알고도 자기들만 행할 뿐 아니라 또한 그런 일을 행하는 자들을 옳다 하느니라"에 나온 그런 자들도 영원한 멸망을 당하게 될 것입니다. 그렇다면 유대인은 좀 낫습니까? 로마서 2장 1-5절이 그에 대한 답입니다.

"그러므로 남을 판단하는 사람아, 누구를 막론하고 네가 평계하지 못할 것은 남을 판단하는 것으로 네가 너를 정죄함이니 판단하는 네가 같은 일을 행함이니라 이런 일을 행하는 자에게 하나님의 심판이 진리대로 되는 줄 우리가 아노라 이런 일을 행하는 자를 판단하고도 같은 일을 행하는 사람아, 네가 하나님의 심판을 피할 줄로 생각하느냐 혹 네가 하나님의 인자하심이 너를 인도하여 회개하게 하심을 알지 못하여 그의 인자하심과 용납하심과 길이 참으심이 풍성함을 멸시하느냐 다만 네 고집과 회개하지 아니한 마음을 따라 진노의 날 곧 하나님의 의로우신 심판이 나타나는 그 날에 임할 진노를 네게 쌓는도다."

이 말씀은 유대인에게나 헬라인에게나 하나님이 그 행한 대로 보응하실 것이라는 말씀입니다. 그리고 겉으로는 유대인임을 자랑하면서 속으로는 하나님이 주신 구원의 은혜를 바르게 깨닫지 못하니 유대인도 이방인과 다를 바 없고 유대인이라고 칭하는 것도 그들에게 아무런 이익이 없다고 합니다. 다시 말하면 종교성 그 자체의 특별함 때문에 그들을 구원하고자 하신 게 아니라, 그들에게 회개의 열매와 삶의 변화가 나타나는 것을 목적으로 그들을 불러내신 것이기 때문에 그들이 순종하며 나올 때는 하나님이 그들을 은혜로 부르신 뜻이 이루어지니 마땅히 영원한 생명을 얻을 자로 인정받을 수 있지만 그렇지 않다면 인정받을 수 없다는 말입니다. 이것은 굉장히 중요한 문제로 굉장히 조심스럽게 접근해서 이해해야 합니다.

하나님이 은혜로 우리가 변화된 삶이요, 회개의 삶을 살 수 있도록 불러내셨기 때문에 그 목적에 합당한 사람은 구원받을 것이요, 그 목적에 합당치 못하면 구원을 받지 못합니다. 그러나 이 사실이 "은혜를 받았으나 행함이 없으면 구원을 못 받는다"는 결론을 내리거나 "우리는 행함으로 구원받는다"는 주장을 하지 않습니다. 그래서 이 말은 정말로 잘 이해해야 합니다. 하나님이 우리를 은혜로 불러내셔서 하나님 나라에 합당한 백성으로 바꾸어 가시는 일이 우리를 불러내신 하나님의 의도요, 목적입니다. 그 목적을 이루시는 하나님은 마지막 날에 자신이 원하고 의도했던 바가 드러난 자와 아닌 자를 구별하여 영원한 멸망의 길과 영원한 생명의 길로 나누어 버리십니다. 그때는 돌이킬 수 없습니다. 완전히 갈라집니다.

그러면 영벌을 받는 자들은 악한 일을 했기 때문에 영벌을 받는 것이요, 영생을 누리는 자들은 그들이 은혜로 부름받아 하나님이 원하시는 목적을 이루었고 행하였고 순종했기 때문에 영생에 이르는 것입니까? 영벌을 받는 자들이 자기가 한 악한 일 때문에 영벌을 받는 것은 맞습니다. 그러나 영생을 누리는 자들이 하나님 앞에 은혜로 부름을 받아 선을 행하였기 때문에 영생을 받는 것은 아닙니다. 하나님이 부르신 은혜 안에서 그 목적을 이뤘기 때문에 그 순종의 공로로 영생을 받는다는 것은 '행위 구원'입니다. 그래서 기독교라는 이름하에 어떤 형태로든 활동하는 행위 구원론자들이 많은 것입니다.

그러나 은혜로 부름받아 하나님이 목적하신 바를 이루면 그 순종때문에 구원을 받는다는 사실은 복음이 아닙니다. 그것은 사도 바울이 여기서 말하고자 하는 뜻이 아닙니다. 본문의 말을 표면적으로 관찰했을 때는 그 말 그대로가 맞는 것 같습니다. 따라서 주의해서 봐야 하는 내용이 있습니다. "누가 영생을 얻을 자인가?" 하는 부분인데 7절과 10절을 다시 한 번 보겠습니다.

"참고 선을 행하여 영광과 존귀와 썩지 아니함을 구하는 자에게는 영생으로 하시고"(7절).
"선을 행하는 각 사람에게는 영광과 존귀와 평강이 있으리니 먼저는 유대인에게요 그리고 헬라인에게라"(10절).

7절 말씀을 그대로 보면 "참고 선을 행하여 영광과 존귀와 썩지 아니함을 구하는 자에게"라고 대상이 지칭되어 있습니다. 그리고 10절에도 "선을 행하는 각 사람에게"라고 대상이 나와 있습니다. 이어서 "영광과 존귀와 평강이 있을 것이다"라고 그 대상에게 주어지는 결과가 나옵니다. 그런데 그 대상이 선을 행한 것과 그 결과로 영생이 주어진다는 것에 대한 설명은 없습니다. 다시 말해서, 그 인과관계가 나와 있지 않습니다. 반면에 8-9절에는 영벌을 받는 근거가 다나옵니다. 그리고 2-3절에 "이런 일을 행하는 자에게 하나님의 심판이 진리대로 되는 줄 우리가 아노라 이런 일을 행하는 자를 판단하고도 같은 일을 행하는 사람아, 네가 하나님의 심판을 피할 줄로 생각하느냐"라고 나옵니다. 1장 32절에는 "이같은 일을 행하는 자는 사형에 해당한다"고 나와 있습니다. 즉, 하나님이 악을 행하는 자에게 죽음을 주신다는 것에 대한 인과관계는 이미 설명되어 있습니다. 그러면 본문이 말하는 내용은 무엇입니까? 우선 로마서 4장 5절을 보겠습니다.

"일을 아니할지라도 경건하지 아니한 자를 의롭다 하시는 이를 믿는 자에게는 그의 믿음을 의로 여기시나니."

"일을 아니할지라도"라고 나옵니다. "일을 아니할지라도 경건하지 아니한 자를 의롭다 하시는"이라는 말씀은 하나님이 자기를 믿는 자를 그 믿음 때문에 의로 여기신다고 선언해놓은 것입니다. 다음으로 로마서 5장 1절을 보겠습니다.

"그러므로 우리가 믿음으로 의롭다 하심을 받았으니 우리 주 예수 그리스도로 말미암아 하나님과 화평을 누리자."

여기서는 "우리가 믿음으로 의롭다 하심을 받았으니"라고 나옵니다. 오직 '믿음'으로 의롭다 하심을 받을 수 있습니다. 의롭다 함을 받는다는 말은 죄사함을 받는다는 것이고, 하나님의 자녀로 신분을 획득한다는 것이며, 따라서 영생을 유업으로 받는다는 뜻입니다. 이 모든 일은 믿음이 있어야 가능합니다.

그러면 이 말씀들에 비추어 본문 6-7, 10절을 이해할 때 이는 "너희가 다시 돌아가서 참고 선을 행하여 영광과 존귀와 썩지 않음을 구하면 영생을 받을 것이요, 선을 행하면 영광과 존귀와 평강이 있을 것인데 너희가 그렇지 못하니 너희에게는 영생이 없다"라는 말을 하려는 것입니까? 아니면 "마지막 날 심판하실 때 실제로 참고 선을 행하여 영광과 존귀와 썩지 않음을 구하는 자를 가려내어 그들에게 영생을 주신다"라는 말입니까? 둘 중 하나를 선택하게 됩니다. 하나는 마지막 날에 주께서 심판하실 때 참고 선을 행하여 영생을 줄 자로 구별하시는 일이 실제로는 없다는 것입니다. 그리스도의 의를 믿음으로 의롭다 하심을 받은 자는 구원받는 자들이고, 나머지는 자기 행위대로 그리스도를 믿지 않아 대속의 은혜를 받지 못해 멸망할 자들이라고 합니다. 즉, 하나님의 심판대 앞에서는 모두 죄인이지만 단 한 가지, 곧 그리스도를 믿는 자와 믿지 않는 자로 구분될 뿐이라는 것이 한 가지 견해입니다.

그렇게 되면 7, 10절은 가정일 뿐입니다. "그런 자가 있다면 영생을 받을 것이 아니냐? 그런데 그런 자가 없지 않으냐"라는 것입니다. 그러니까 영생을 받을 자를 이 기준에 따라 보면 "하나님이 각 사람이 그 행한 대로 보응하실 때 7, 10절에 해당하는 자가 없고 8-9절에 해당하는 자는 많으니 우리가 모두 멸망한다는 이야기로 끝나는 것이냐"라는 것입니다. 실제로 양과 염소를 나누신 마태복음 25장의 비유를 보면 주님은 양에 속한 자들과 염소에 속한 자들을 구별하실 때 '행위'를 분명히 말씀하십니다. 양에 속한 자들에게 "너희는 내가 주릴 때 먹을 것을 줬다. 여기에 있는 소자에게 한 것이 바로 내게 한 것이다"라고 말씀하시면서 의를 행한 자들, 선을 행한 자들을 불러내십니다. 또한 마태복음 7장에서도 "열매를 보고 그 나무를 안다"고 하시면서 열매로 구분하실 것을 말씀하셨고, "주여 주여 하는 자마다 다 천국에 갈 것이 아니라"고 말씀하시고 "선을 행하는 자, 아버지 뜻대로 행하는 자라야 한다"고 분명히 선언하십니다.

그러므로 분명히 알아야 할 것은 마지막 날 심판의 때 모든 사람이 똑같지 않다는 사실입니다. 즉, 각 사람은 주님이 선을 행한 자로 인정하실 만한 자와 악을 행한 자로 구별이 됩니다. 행함이 분명히 마지막 날의 심판 때에 구별의 기준으로 작용할 것입니다. 그러면 "우리는 믿음으로 의롭다 함을 받고 하나님의 율법 앞에 죄인이라서 그리스도의 의밖에는 구원받을 길이 없는데, 그날에 그렇게 행위로 구별하신다면 우리가 어떻게 그 자리에 설 수 있겠는가"라는 생각을 하게 됩니다. 그런데 역설적으로 그 생각의 시작이 그 자리에 설 수 있는 사람으로 바뀌 나갑니다. 선한 일을 행한 자에 속할 것이라고 생각하는 자들은 악한 무리에 속한 자로 판결이 납니다. 이것이 스스로 의인이라고 생각하는 자는 죄인이요, 자신이 죄인이라는 자에게 의인이 되는 역설입니다. 단순히 그리스도의 보혈의 의를 입어 의롭게 되는 것만으로 그치는 것이 아니라 하나님의 일하심이 더욱더 연장됩니다.

성령의 역사하심

로마서 6장 1-2절을 보겠습니다.

"그런즉 우리가 무슨 말을 하리요 은혜를 더하게 하려고 죄에 거하겠느냐 그럴 수 없느니라 죄에 대하여 죽은 우리가 어찌 그 가운데 더 살리요."

우리가 은혜를 더하려고 죄에 거할 수는 없다고 합니다. 그것은 우리에게 마땅한 일이 아니라는 것입니다. 왜냐하면 죄에 대하여 우리는 죽은 자이기 때문입니다. 우리는 예수 그리스도를 믿음으로, 그리스도의 권세 때문에 죄에 대하여 죽었는데 어찌 그 가운데 살겠습니까? 말이 안 되는 것입니다. 하지만 실제로 우리는 연약한 성품이 있어서, 즉 옛 사람의 흔적이 있어서 여전히 죄 가운데 살고 있습니다. 한편 "우리가 어찌 죄 가운데 살리요."라는 말 속에는 이미 그렇게 살기를 원하지 않는다는 소망도 있는 것입니다. 다시 말해, 죄에 대해 죽고 예수 그리스도를 믿음으로 의로운 자가 되어 하나님의 자녀가 되는 은혜가 주어졌음을 믿는 자는 스스로 연약함을 인정할 수

밖에 없지만, 죄 가운데 살기를 원치 않기에 의 가운데 거하기를 주 앞에 기도하면 주님이 기도한 대로 응답하셔서 그렇게 감당할 만한 능력을 주실 줄로 믿는다는 뜻이 담겨 있는 것입니다.

그래서 예수 그리스도로 말미암아 의롭게 된 자는 여전히 죄 가운데 살아가는 연약한 성품과 모습이 있지만, 그 현상 때문에 주의 교훈대로 살아가고자 하는 소망과 그 소망을 이룰 만한 능력을 주 앞에 구합니다. "어떻게 하란 말이냐? 어차피 내가 율법 앞에 의를 이룰 수 없어서 예수님이 나를 위해 죽으신 것이니까 나로서는 죄를 짓는 수밖에 없다. 나는 율법 앞에 죄인일 수밖에 없고, 항상 죄를 지을 수밖에 없다. 그래도 나는 걱정이 없다. 왜냐하면 그리스도께서 나를 용서하셨기 때문이다. 나는 그거 하나 믿고 살 따름이다. 그러니 나는 행복하다"라는 마음가짐은 예수 그리스도를 믿음으로 의롭다 함을 받아 구원받은 참된 믿음이 아니라는 말입니다. 이것이 굉장히 중요한 첫 번째 내용입니다.

그래서 거룩하게 살아가는 것은 구원받은 자에게 덤으로 주어지는 영적 유익이 아니라 더 붙는 일종의 '프리미엄'입니다. 의롭게 됨으로 '오케이' 하며 천국은 따놓은 당상이고 상을 좀 더 받기 위해서 '프리미엄'으로 선한 일을 하자는 식의 논리와 설명은 복음과는 전혀 관계가 없습니다. 그것은 복음을 해하는 것이요, 악한 것입니다. "그러므로 어찌 우리가 그 가운데 더 살리요"라는 말은 당위적 명령이고, 우리는 당위적 명령을 다 순종할 수 없는 연약성이 있지만 그 속에 소망이 있습니다. 로마서 6장 21-22절에는 비교하는 내용이 나옵니다. 21절에는 과거에 너희가 사망에 그치는 사람이 될 수밖에 없었다고 나옵니다. 사망의 열매를 맺은 것입니다. 그런데 22절은 "이제는 너희가 죄로부터 해방되었다"고 신분의 변화를 약속합니다. 우리는 예수 그리스도를 믿음으로 죄로부터 해방되었습니다. 하나님의 종이 된 것도 예수 그리스도를 믿음으로 이루어진 것입니다. 그리스도를 믿음으로 우리에게 신분적 변화가 나타났습니다. 이것을 칭의로 인한 은택이라 합니다. 이렇게 우리는 신분의 변화를 받고 하나님은 이제 우리 안에 또 다른 열매를 맺는 일을 행하십니다. 그것이 바로 거룩함에 이르는 열매를 맺는 것입니다.

따라서 믿음으로 의롭게 된 자는 거룩함에 이르는 열매를 필연적으로 맺도록 그 사람 안에 거룩한 성령의 역사가 이루어지고, 결국 영생을 얻게 됩니다. 그때 이 영생은 내 안에 이루어진 거룩한 열매의 대가요 공로요 삯이 아니라 이미 하나님이 믿음 가운데 은혜를 주신 자들에게 약속하신 것입니다. 영생은 무엇으로 받습니까? 우리를 죄로부터 해방시키시고 하나님의 종이 되며 자녀가 되게끔 죄사함의 은혜를 베풀어 주시는 '예수 그리스도의 의'를 근거로 받습니다. 내가 영생을 받는 그 삯과 대가는 무엇이고 무엇을 치렀기 때문에 영생을 받는지, 즉 영생을 받을 수 있는 공로가 무엇인지 생각할 때 그에 대한 답은 오직 '예수 그리스도'입니다. 그리스도 외에는 내가 영생을 얻을 수 있는 길이 없습니다. 이 땅에 사는 동안에는 완전하지 못하여 옛 사람의 성품대로 죄를 짓는 연약함이 우리 안에 끊임없이 나타나지만, 동시에 하나님이 우리 안에 거룩함에 이르는 열매를 맺는 성화의 역사를 행하시기 때문에 또 다른 하나의 은혜의 역사가 여전히 있는 것입니다. 로마서 8장 13-14절을 보겠습니다.

"너희가 육신대로 살면 반드시 죽을 것이로되 영으로써 몸의 행실을 죽이면 살리니 무릇 하나님의 영으로 인도함을 받는 사람은 곧 하나님의 아들이라."

이 구절을 풀어보면 "너희가 말로는 그리스도의 은혜로 구원을 받았다고 해도 육신대로 살면 반드시 죽을 것이고, 영으로써 몸의 행실을 죽이면 살리니, 내면에서 역사하시는 하나님의 영으로 인도함을 따라가는 사람은 하나님의 아들이다"라는 말입니다. 이것은 완전함을 말하는 것이 아닙니다. 우리 안에서 역사하는 믿음의 진실성입니다. 이어서 15-17절을 보겠습니다.

"너희는 다시 무서워하는 종의 영을 받지 아니하고 양자의 영을 받았으므로 우리가 아빠 아버지라고 부르짖느니라 성령이 친히 우리의 영과 더불어 우리가 하나님의 자녀인 것을 증언하시나니 자녀이면 또한 상속자 곧 하나님의 상속자요 그리스도와 함께 한 상속자니 우리가 그와 함께 영광을 받기 위하여 고난도 함께 받아야 할 것이니라."

우리가 하나님의 자녀가 되었다는 사실을 성령이 우리 안에서 친히 증언하심으로 우리를 상속자, 곧 천국의 유업을 받을 상속자로 부족함이 없도록 이끌어 주십니다. 그 성령께서 우리가 하나님을 아빠 아버지로 부르게 하시고, 몸의 행실을 죽이는 자로 살도록 이끌어 가십니다. 17절부터 거꾸로 읽어보면 내용이 선명해집니다. "너희는 그리스도로 인해 하나님의 자녀가 되었다. 성령께서 내 안에 믿음으로 의롭다 함을 받은 자라는 것을 증언하고 계시니, 너희는 하나님을 아빠 아버지라 부르는 놀라운 신분을 획득하였다. 그러므로 우리는 하나님의 아들이요, 하나님의 영으로 인도함을 받는 자들이다. 따라서 우리는 이 세상에서 고난도 감내하며 믿음으로 살아가는 자요 (17절), 영으로써 몸의 행실을 죽이는 자들이다(13절)." 갈라디아서 6장 7-8절을 보겠습니다.

"스스로 속이지 말라 하나님은 업신여김을 받지 아니하시나니 사람이 무엇으로 심든지 그대로 거두리라 자기의 육체를 위하여 심는 자는 육체로부터 썩어질 것을 거두고 성령을 위하여 심는 자는 성령으로부터 영생을 거두리라."

결국 사람이 무엇을 심든지 그대로 거둔다는 것입니다. 이것은 하나님이 나중에 행위로 보응하시겠다는 말과 똑같습니다. 육체를 위하여 심는 자, 자기의 죄대로 살아가는 자들은 썩어질 것을 거두니 영원한 사망에 이를 것이고, 성령을 위하여 심는 자는 성령으로부터 영생을 거둘 것이라고 합니다. 이때 영원한 벌은 자기의 행위에 대한 대가로 받는 것이지만, 영원한 생명은 그리스도의 공로로 받는 것이기 때문에 비례 관계가 성립되지 않습니다.

그럼에도 불구하고 왜 하나님은 계속 사람의 행위를 선인과 악인의 일대일 대응관계로 설명하시는 것입니까? 갈라디아서 3장 6-12절을 보겠습니다.

"아브라함이 하나님을 믿으매 그것을 그에게 의로 정하셨다 함과 같으니라 그런즉 믿음으로 말미암은 자들은 아브라함의 자손인 줄 알지어다 또 하나님이 이방을 믿음으로 말미암아 의로 정하실 것을 성경이 미리 알고 먼저 아브라함에게 복음을 전하되 모든 이방인이 너로 말미암아 복을 받으리라 하였느니라 그러므로 믿음으로 말미암은 자는 믿음이 있는 아브라함과 함께 복을 받느니라 무릇 율법 행위에 속한 자들은 저주 아래에 있나니 기록된 바 누구든지 율법 책에 기록된 대로 모든 일을 항상 행하지 아니하는 자는 저주 아래에 있는 자라 하였음이라 또 하나님 앞에서 아무도 율법으로 말미암아 의롭게 되지 못할 것이 분명하니 이는 의인은 믿음으로 살리라 하였음이라 율법은 믿음에서 난 것이 아니니 율법을 행하는 자는 그 가운데서 살리라 하였느니라."

14절에 나오듯이 우리는 철저히 그리스도의 공로로 구원을 받습니다. 그런데 왜 성경은 선인과 악인의 행위를 계속해서 대조하는 것입니까? 그것은 앞서 본문 8절에서 본 것처럼 우리 안에 하나님의 영이 있고 그 영에 이끌려 가는 거룩한 삶의 역사가 우리 안에 나타나고 있기 때문에 악인을 심판하실 때 그 사실로 그들의 입을 다물게 하시고, 하나님이 믿음으로 의롭다 함을 받은 우리에게 행하신 선한 일을 증거로 드러내어 악인과 선인의 뚜렷한 대조를 이루시려는 것입니다.

"그들의 열매로 그들을 알지니 가시나무에서 포도를, 또는 엉겅퀴에서 무화과를 따겠느냐 이와 같이 좋은 나무마다 아름다운 열매를 맺고 못된 나무가 나쁜 열매를 맺나니 좋은 나무가 나쁜 열매를 맺을 수 없고 못된 나무가 아름다운 열매를 맺을 수 없느니라"(마 7:16-18).

이것도 행위와 관련 있는 말씀입니다. 열매로 구분하시는 것입니다. 이어서 "아름다운 열매를 맺지 아니하는 나무마다 찍혀 불에 던져지고, 그들의 열매로 그들을 알리라"라고 말씀합니다. 열매를 보고 좋은 나무를 구별하시겠다는 것입니다. 즉, 예수 그리스도를 믿음으로 의롭다 함을 받는 것이 좋은 나무가 되는 능력입니다. 그리스도의 은혜로 좋은 나무가 된 자들은 좋은 열매를 맺습니다. 내가 좋은 열매를 맺기 때문에 좋은 나무가 되는 것이 아닙니다. 좋은 나무가 되었기 때문에 좋은 열매를 맺는 것입니다. 따라서 다 나쁜 나무이고 죄인인데 그중에 좋은 나무를 만들어 내시는 것이고 좋은 열매를 맺을 만한 의인을 구별해 내시는 것입니다. 하나님은 구별해서 "너는 좋은 나무다"라고 하시며 그리스도의 의를 덧입혀 자기의 자녀로 삼으십니다.

다 나쁜 나무인데 그중에 하나를 택해 "너는 좋은 나무야"라고 한다고 해서 그 나무가 무조건적으로 좋은 나무가 되는 것입니까? 아닙니다. 하나님은 그 나무에게 좋은 나무로서 신분을 정해주시고, 실제로 그 나무를 살리는 일을 하십니다. 다 죽은 나무를 그렇게 살리시는 것입니다. 그리하여 죽은 나무가 생명력을 얻어 살아 있는 나무가 되는 것입니다. 새로운 나무를 심은 게 아니라 죽은 나무를 다시 살리신 것이기 때문에 어떤 가지는 아직도 죽어 있고 어떤 것은 새롭게 살아났으며, 생생한 잎이 있으면서 메마른 잎도 있습니다. 죽은 나무의 흔적이 남아 있지만 그 나무는 분명하게 생기가 있는 나무가 된 것입니다. 마지막 날에 주님은 죽은 나무를 산 나무로 바꾸시고 산 나무에게 아직 죽은 나무의 흔적이 있을지라도 산 나무의 열매를 보시며 증거를 찾으십니다. 죽은 나무는 썩은 흔적만 있을 뿐 거룩의 열매를 맺지 못합니다. 주님은 바로 그것을 구분해 내시는 것입니다.

무화과나무냐 포도나무냐 가시나무냐 엉겅퀴냐를 열매를 보고 알듯이, 실제로 하나님은 참된 믿음으로 그분의 자녀가 된 자들에게 행하신 일이 있기 때문에 자신 있게 그들 가운데서 자녀들의 선한 행위를 보고 악인과 구분하여 영생을 받을 자라고 불러내실 수 있습니다. 하나님이 우리 가운데 하신 일이기 때문입니다. 우리 가운데 하나님이 행하신 일을 하나님이 모르거나 착각하거나 속으실 리 없습니다. 하나님이 우리에게 그리스도를 믿는 믿음을 주시고, 회개의 역사를 주시고, 돌이켜 믿음 안에서 살아갈 수 있도록 도우시고, 소망도 주셨기 때문에, 믿음으로 의롭게 된 자들은 죗값을 받아 마땅히 죽어야 하지만 그렇지 않습니다. 사실 우리도 영벌에 들어갈 자인데 우리를 그 가운데 들어가지 않도록 보호하시고 끌어주시는 것은 다 그리스도의 공로 덕분입니다. 그리스도의 공로로 우리를 구원하신 것입니다. 그리스도의 공로로 우리의 모든 흉한하고 악한 짓들이 다 덮어지고 죄가 하나도 없는 것으로 여겨집니다. 하나님은 죽은 나무를 살린 것처럼 우리 가운데서 하나님이 행하신 일, 곧 우리 안에 새롭게 난 열매를 찾아내셔서 "보라. 영생에 합당한 선한 일을 한 자니라"라고 말씀하십니다.

이것은 악한 자들보다 얼마나 더 선한 사람으로 만들어졌느냐의 비교적 개념이 아니라, 어떤 악인이라도 하나님이 그리스도의 의로 구원하실 때는 그 내면의 영혼을 살리는 일을 행하셔서 '진정한 회개와 주 앞에 돌이킴'이 일어나게 하신다는 하나님의 일하심에 대한 설명입니다. 예수님이 돌아가실 때 옆에 있던 십자가의 한 강도는 죽기 직전에 회개를 했습니다. 사실상 그 사람이 저지른 평생의 일을 다 털어보면, 그는 하나님을 믿지 않는 보통 사람들보다 악한 일을 훨씬 많이 저질렀을 것입니다. 그러나 주님은 그런 자도 보혈로 다 용서하십니다. 그리고 그 자에게도 열매가 있습니다. 그것은 회개의 눈물, 변화의 눈물입니다. 그리고 그 자는 하나님의 영광을 바라봅니다. 그 높고 완전하신 하나님의 영광을 바라보면서 하나님의 자녀가 됐다는 사실에 대해 감사하는 것입니다. 하나님은 찬송을 받기에 합당하고 존귀한 분이십니다.

하나님이 우리를 천국 잔치에 초청하시면서 우리에게 베푸신 그 영광의 지위 앞에 내가 존귀한 자임을 알고 하나님의 자녀 됨을 귀하게 여기는 사람, 그리하여 하나님의 영광의 모습을 바라보며 죄 가운데 있는 것을 원치 않고 영생을 소망하며 바라보는 사람, 이 땅 가운데 살면서 비록 연약하나 하나님의 뜻에 순종하려고 애쓰는 모습이 나타나는 사람은 모두 진실한 믿음을 가진 자입니다. 주님은 이런 자들에게 영생을 주겠다고 하셨습니다.

그리스도인에게 있는 증거

본문을 정리하겠습니다. 참고 선을 행하며 영광과 존귀와 썩지 아니할 것을 구하는 것이 예수 그리스도를 믿음으로 의롭다 함을 받은 자들에게 나타나는 증거입니다. 즉, 영생을 받기에 합당한 믿음을 가진 자, 그리스도를 참으로 믿는 자임을 나타내 보이는 증거입니다. 영생을 받기에 합당한 믿음을 지닌 자는 참고 선을 행합니다. 이 세상에 살면서 세상을 바라보지 않고, 썩을 것을 구하지 않고, 영광과 존귀와 썩지 않을 것을 구합니다. 또한, 그들은 선을 행하며, 그리스도를 진실로 믿는 회개하는 사람들입니다. 반면 그리스도를 믿지 않는 자들은 자기 마음의 정욕대로 살아가고, 당을 지어 진리를 거스르고, 악을 행하는 사람들입니다. 그 구분이 뚜렷하게 드러나는 것입니다. 이에 대해 7-10절은 이렇게 말합니다. 첫째, 자연 인간으로서의 선행 때문에 영생을 받는 것이 아닙니다. 둘째, 은혜를 받아 은혜로 행한 선의 공로가 아니라 예수 그리스도의 공로로 구원받은 자가 하나님의 은혜로 행하며 나타냈던 믿음의 회개요, 변화 때문입니다. 따라서 그 변화를 하나님이 증거로 삼아 영생을 주기에 합당한 자들이라고 말씀하시는 것입니다.

이 부분에 대해 증거로 이해하지 않고 이것을 자기의 행함으로 받는 삯이나 대가나 근거로 받아들이면 모든 것이 하나님의 은혜로 주어진 일이라 해도 행위 구원이 되는 것입니다. 과거에 죄인은 절대로 하나님의 나라에 갈 수 없고 의인만 갈 수 있다고 생각했습니다. "이 세상 사람은 모두 죄인이니까 다 하나님 나라에 갈 수 없다. 그런데 의인은 하나님의 은혜를 받아 은혜대로 수고했으니 천국에 갈 것이다. 너는 은혜를 무시했으니 멸망에 이를 것이다." 그런데 은혜를 받아 은혜를 받은 대로 수고하여 천국에 간다는 사람들은 결국 자기 의를 내세우는 것입니다. 우리는 나의 의나 대가나 공로나 삯으로 하나님 나라에 가는 것이 아닙니다. 오직 '그리스도의 공로' 덕분입니다. '그리스도의 의'라는 은혜를 받으면 그 은혜는 내가 하나님 앞에 아무것도 드릴 것이 없는 부족하고 연약한 상태로 오직 감사의 제물일 뿐이라고 고백합니다.

우리는 은혜로 순종하여 행하는 감사 외에 여전히 죄가 많다는 것을 스스로 압니다. 그 많은 죄는 그리스도의 의가 아니면 도무지 갚을 길이 없고, 성령 안에서 선을 행하는 것으로도 죗값을 다 치를 수 없으며, 율법의 의를 완전히 이루지 못할 만큼 연약하다는 것도 스스로 아는 것입니다. 그래서 하나님이 칭찬하셔도 "주님, 저는 칭찬받을 자가 못됩니다. 비록 제가 주님을 사랑하기는 하지만 주님께 칭찬받을 만큼 사랑으로 행한 건 아닙니다"라고 말할 수밖에 없습니다. 그런데 주님은 그것을 증거로 삼으십니다. 즉, 연약하지만 참고 선을 행하며 영광과 존귀와 썩지 않을 것을 바라보고 살아온 것을 증거로 삼아 영생을 주시는 것입니다. 믿음으로 의롭게 된 자에게 성령의 은혜를 베푸시어 감사하게 함으로 감사를 증거로 삼아서 영생을 준다는 영생의 관계가 은혜의 복음입니다. 그 부분을 오해하거나 손질하거나 틀어버리면 은혜의 복음이 행위 구원으로 변질됩니다.

사도 바울은 하나님이 사람을 외모로 취하지 않으신다는 말을 듣고도 종교성의 허울 안에서 진실한 믿음의 변화와 회개의 열매를 맺지 못하는 자들을 책망하고 있습니다. 증거는 없이 껍데기만 갖고 자신이 유대인이며 하나님의 백성이라고 자랑하는 자들에게 그들의 모습이 마지막 날에 당할 진노만 더 쌓는 것에 불과하다고 지적하면서 참된 믿음을 가지라고 말하는 것입니다. 이 귀한 은혜의 말씀을 잘 기억하면서 우리의 마음과 믿음을 돌아보고 주님이 베푸신 은혜에 더 깊이 감사하는 여러분이 되기를 축복합니다.

9. 심판의 근거 : 율법과 양심

이는 하나님께서 외모로 사람을 취하지 아니하심이라. 무릇 율법 없이 범죄한 자는 또한 율법 없이 망하고 무릇 율법이 있고 범죄한 자는 율법으로 말미암아 심판을 받으리라. 하나님 앞에서는 율법을 듣는 자가 의인이 아니요 오직 율법을 행하는 자라야 의롭다 하심을 얻으리니 (율법 없는 이방인이 본성으로 율법의 일을 행할 때에는 이 사람은 율법이 없어도 자기가 자기에게 율법이 되나니 이런 이들은 그 양심이 증거가 되어 그 생각들이 서로 혹은 고발하며 혹은 변명하여 그 마음에 새긴 율법의 행위를 나타내느니라). 곧 나의 복음에 이른 바와 같이 하나님이 예수 그리스도로 말미암아 사람들의 은밀한 것을 심판하시는 그 날이라. 로마서 2:11-16

심판 날, 사람들의 은밀한 것을 드러내심

우리는 마지막 날에 주 예수님이 우리를 심판하시는 그때에 어떤 일이 있을지 미리 생각해볼 필요가 있습니다. 심판 날에 있을 일에 대한 예상 또는 기대의 단서가 16절에 암시되어 있습니다.

"곧 나의 복음에 이른 바와 같이 하나님이 예수 그리스도로 말미암아 사람들의 은밀한 것을 심판하시는 그 날이라"(16절).

이 말씀은 마지막 날에 예수 그리스도께서 심판주가 되셔서 사람들을 불러 모으시고 그들의 은밀한 것을 심판하신다는 것입니다. 그 날에 사람들의 감추어진 내용이 다 드러날 것입니다. 우리 안의 감추어진 내용이 다 드러나서 심판을 받는다고 할 때, 여러분은 마음에 안도감이 옵니까, 불안감이 옵니까? 대부분 불안할 것입니다.

그런데 여기서 "사람들의 은밀한 것을 다 드러내신다"는 말은 예수 그리스도 안에 있는 우리 마음속에 넘치는 죄 된 생각과 실제로 뱉은 말과 행한 것들을 다 드러내셔서 훗날 우리가 부끄러움을 당하게 하시고 벌을 내리신다는 뜻이 아닙니다. 이는 하나님이 그 사람들을 하나님 앞에서 어떤 관계 안에 있는 자들인지 확인하기 위해 필요한 것을 드러내신다는 뜻입니다. 이 말씀은 사람이 아무리 감추고 감추어도 심판 날에 하나님이 그것을 다 드러내실 것이며, 하나님이 공의롭고 정직한 심판을 하시기에 조금도 부족함이 없으신 분이라는 말입니다. 개혁파 신학 안에서 어떤 이들은 믿는 자들의 허물과 부끄러움이 그날에 다 공개될 것이라고 생각하지만 개혁파의 중심 신학은 그렇게 말하지 않습니다. 믿는 자의 허물은 다 그리스도 안에서 가리워졌고 그 보혈 안에서 이미 없어졌습니다. 그래서 그리스도 안에서 심판받는 그날에, 믿는 자들은 영생의 부활의 몸을 입고 상을 받기 위한 심판을 받습니다. 그래서 상급의 심판이지, 형벌의 심판이 아닙니다. 따라서 신자의 은밀한 것을 다 드러내시는 그날에 낙원에서 영광 중에 뵈었던 그리스도가 우리를 수치스럽게 하는 무서운 분으로 바뀌는 것이 아니고, 우리의 영혼이 낙원에서 주를 뵙고 영광을 돌리며 그 주님과 함께 더불어 부활의 몸을 입게 되는 것입니다. 우리가 받을 심판은 상급의 심판, 영생이 우리에게 주어졌음을 확인받는 공적 선언이 이루어지는 심판입니다.

외식하는 자들 중 누구도 자기변명, 자기 속임수, 자기기만 속에서 자기를 덮어 죄 된 생활을 가릴 수 없습니다. 그것이 은밀한 것을 다 드러낼 심판이라는 말씀 속에 들어 있는 참된 뜻입니다. 그러니까 하나님이 첫째는 외적인 행위나 외모를 보고 심판하실 일은 없다고 하시는 것입니다.

"이는 하나님께서 외모로 사람을 취하지 아니하심이라"(11절).

하나님은 겉모양이 아니라 그 속에 있는 것을 보고 심판하십니다. 그런 의미에서 은밀한 것을 드러내신다고 표현한 것입니다. 고린도전서 4장 3-5절을 보겠습니다.

"너희에게나 다른 사람에게나 판단 받는 것이 내게는 매우 작은 일이라 나도 나를 판단하지 아니하노니 내가 자책할 아무 것도 깨닫지 못하나 이로 말미암아 의롭다 함을 얻지 못하노라 다만 나를 심판하실 이는 주시니라 그러므로 때가 이르기 전 곧 주께서 오시기까지 아무 것도 판단하지 말라 그가 어둠에 감추인 것들을 드러내고 마음의 뜻을 나타내시리니 그 때에 각 사람에게 하나님으로부터 칭찬이 있으리라."

이 말씀을 풀면 이런 내용입니다. "내가 스스로 자책하여 아무것도 깨닫지 못하지만 드러나는 행위가 없고 그것 때문에 내가 의롭다 함을 받는 것이 아니요, 주님이 오실 때 내 마음속에 감추어진 내용을 아실 것이다. 내가 하나님 앞에서 어떤 자로 서 있는지 내 영혼의 중심을 주께서 아실 테니, 그 많은 허물이 있어도 그리스도의 보혈로 용서를 받는 것이요, 내 중심이 연약하고 허물이 있지만 평생 나그네 인생을 살면서 주님 앞에 온전한 모습으로 주님을 사랑한 자인 줄을 아시고 나를 칭찬하실 것이다."

예수 그리스도는 우리의 마음속, 영혼의 중심을 보십니다. 그렇다면 무엇을 통해서 우리의 진실한 믿음을 보실까요? 그것은 앞서 살펴본 6절 말씀에 나와 있습니다.

"하나님께서 각 사람에게 그 행한 대로 보응하시되."

이것이 16절에 나온 "은밀한 것을 심판하시는 그 날"과 연결됩니다. 하나님은 각 사람에게 그 행한 대로 보응하십니다. 하나님은 실수가 없으십니다. 그 마음에 은밀한 것이 무엇이고 그 행동의 의미와 목적성을 밝히 보시기 때문입니다. 주님은 행위가 갖고 있는 의미를 두 가지로 구분해서 보시는데, 2장 7-8절에 두 가지가 각각 나와 있습니다. 먼저 하나님은 하나님의 인자하심이 자기를 인도하여 회개하게 하신 줄을 아는 자에게 영생을 주십니다. 2장 3-4절을 보겠습니다.

"이런 일을 행하는 자를 판단하고도 같은 일을 행하는 사람아, 네가 하나님의 심판을 피할 줄로 생각하느냐 혹 네가 하나님의 인자하심이 너를 인도하여 회개하게 하심을 알지 못하여 그의 인자하심과 용납하심과 길이 참으심이 풍성함을 멸시하느냐."

이 말씀은 하나님의 인자하심, 오래 참으심, 내 허물을 덮어 가리우심, 연약한 나를 받아주심, 놀라운 긍휼하심을 찬송하면서 인내하며 주의 교훈에 따라 선을 행하고 하나님의 영광을 바라보며 그 영광 때문에 하나님의 자녀 됨을 기뻐하는 자, 하나님의 영원한 생명을 바라보며 내게 주어진 영생을 기뻐하는 자를 주님께서 은밀히 그 마음의 중심을 살피사 행한 대로 보응하신다고 말씀하시는 것입니다.

그러니까 이 행함에 대한 보응은 이미 하나님의 오래 참음과 무한한 긍휼을 맛본 사람이 구원을 받은 것을 감사하는 데서 나오는 믿음의 열매인 것을 알 수 있습니다. 이런 믿음의 열매를 증거로 삼아 주께서 그날에 영생에 합당한 자라며 "과연 의로운 자라"고 천명하시는 것입니다. 그렇게 되는 것은 믿음으로 의롭게 된 자에게 반드시 드러나는 증거이기 때문에 그것을 들어 말씀하시는 것이라 볼 수 있습니다. 그런데 반대로 8절을 보면, 주님이 은밀한 가운데 심판하실 때 다른 심판을 받는 사람들이 나옵니다.

"오직 당을 지어 진리를 따르지 아니하고 불의를 따르는 자에게는 진노와 분노로 하시리라."

그리고 4-5절을 보겠습니다.

"네가 하나님의 인자하심이 너를 인도하여 회개하게 하심을 알지 못하여 그의 인자하심과 용납하심과 길이 참으심이 풍성함을 멸시하느냐 다만 네 고집과 회개하지 아니한 마음을 따라 진노의 날 곧 하나님의 의로우신 심판이 나타나는 그 날에 임할 진노를 네게 쌓는도다."

4-5절에 하나님의 인자하심과 길이 참으심을 멸시하는 자들이 나옵니다. 그들은 회개와 은혜의 때에 정녕 주 앞에 마음을 찢고 나가지 않고, 베푸시는 용서의 긍휼을 멸시합니다. 예수 그리스도를 믿는 자마다 구원을 얻는다고 말은 하면서 회개로 마음을 찢지 않으니 주께서 베푸신 은혜를 멸시하는 것입니다.

개인 파산을 한 자에게 국가는 세금으로 그 빚을 탕감해줍니다. 그 도움을 받았으면 성실하고 정직한 노력으로 더 반듯한 삶을 살아야 탕감받은 자로 은혜를 안다는 증거가 될 텐데, 오히려 "개인 파산 제도가 있으니 또 받으면 되지"라고 생각하고 막 산다면 그것은 도덕적 해이감 때문에 제도 자체의 의미를 무색하게 하는 것이요 국민의 세금으로 받는 도움의 선한 뜻을 멸시하는 것이 됩니다. 그런데 하나님의 은혜는 그것과 비교할 수 없는 것입니다. 은혜의 구원을 참으로 아는 자는 절대로 하나님의 은혜를 멸시하지 않습니다. 왜냐하면 새 생명을 받은 죄인만이 하나님의 은혜를 알기 때문입니다. 이것은 자연적으로 "스스로 생각해보니 나는 하나님의 은혜가 필요하다"라고 아는 것이 아닙니다. 하나님이 나에게 새 생명을 주셔야만 그 은혜를 알게 됩니다. 하나님이 택하여 불러내시고 중생케 하시고 듣는 말씀에 귀를 열어주시고 회개하게 하셔서 그 은혜 앞에 나오게 하신 것입니다. 그리고 하나님의 은혜를 받은 자는 반드시 회개하며 마음을 찢습니다.

그런데 은혜 가운데 있다고 빙자하고 스스로 하나님의 자녀라 말하면서도 그렇게 행하지 않는 자들이 있다고 합니다. 8절에 보니 당을 짓는 자들, 무리를 지어 진리를 거스르는 자들이라고 나옵니다. 즉, 불의를 옳다고 하며 그것을 따르는 자들이죠. 이런 자들은 본래부터 하나님의 은혜 안에 들어올 자가 아니므로 하나님은 그들의 행함을 듣고 그들에게 진노와 분노로 행하십니다. 하나님의 심판 날에 악을 행하는 사람의 영에는 환난과 곤고가 있을 것입니다. 그리고 이것은 유대인이든 헬라인이든 어느 누구에게도 차별이 없이 이루어집니다. 그러므로 그 행함이 구원받을 자인가 아닌가를 말해주는 증거가 된다고 한 것입니다.

이방인과 양심

자신에게 영생이 아니요 영벌, 곧 진노와 분노로 판결이 이루어지면, 그 사람은 심판을 받을 때 가만히 있지 않고 자기변호를 할 것입니다. 그때 헬라인은 "하나님, 이건 아니지요. 제가 하나님 앞에서 당을 짓고 진리를 거슬렀다니요. 그렇게 했다면 그것은 제 탓이 아니에요. 하나님이 저에게 무엇이 옳은지 알려주시지 않았잖아요"라고 변명할 것입니다. 다시 풀어서 말하면 이런 내용입니다. "저 유대인에게는 모세를 통해 율법을 주셔서 하나님의 백성이요 언약 백성이 어떻게 살 것인지를 미리 가르쳐주셨지만 우리는 하나님의 언약도 모르고 아무것도 알지 못해서 이렇게 살았는데 지금 와서 하나님의 뜻과 진리를 거슬렀다고 우리를 심판하시면 안 되잖아요." 이것은 헬라인의 변명, 즉 이방인 모두의 변명이 됩니다. 그러나 하나님의 뜻과 진리를 따라 사는 데 글로 쓴 율법이 있어야만 하는 것은 결코 아닙니다. 12절을 보겠습니다.

> "무릇 율법 없이 범죄한 자는 또한 율법 없이 망하고 무릇 율법이 있고 범죄한 자는 율법으로 말미암아 심판을 받으리라"(12절).

율법 없이 범죄한 자는 율법 없이 망하는 것이 하나님의 심판 기준입니다. 즉, 율법 없이 범죄하였기 때문에 범죄한 사실이 면책되는 것이 아니고, 기록된 율법 없이 범죄한 자는 기록된 율법 없이 멸망의 심판을 받는다고 합니다. 기록된 율법이 주어졌느냐, 주어지지 않았느냐가 심판의 여부를 결정짓는 이유가 아닙니다. 왜 그렇습니까? 14-15절에 그 내용이 나와 있습니다. 그들은 율법이 없어서 몰랐다고 자기들의 무지를 변명해봐야 아무 소용이 없습니다.

> "율법 없는 이방인이 본성으로 율법의 일을 행할 때에는 이 사람은 율법이 없어도 자기가 자기에게 율법이 되나니 이런 이들은 그 양심이 증거가 되어 그 생각들이 서로 혹은 고발하며 혹은 변명하여 그 마음에 새긴 율법의 행위를 나타내느니라"(14-15절).

14절은 율법의 일이 무엇인지 전혀 모를 정도로 그렇게 인간성을 완전히 상실하거나 소멸된 자는 아무도 없다고 말씀합니다. 아무리 원죄 이후에 전적으로 부패하고 타락한 인간이라도 하나님이 그 본성에 어느 정도의 씨앗을 남겨 놓으셔서 기록된 율법에서 옳다고 한 일이 무엇인지를 알 수 있게 하셨다는 말입니다. 그 씨앗은 15절에 나온 '양심'입니다. "네가 악을 행할 때 너의 양심이 고발하지 않았는가?" 바로 양심이 본성에 심겨 있는 근거인 것입니다. 한편 양심에 일치된 합당한 일을 하면 자신도 모르게 뿌듯하고 스스로 괜찮다 싶은 자기 의의 만족과 편안함이 생깁니다. 이것은 하나님과 예수 그리스도의 은혜를 알지 못해도 모든 사람에게 남아 있는 분명한 장치입니다. 하나님 앞에서 이 양심의 장치에 대해 아무리 부인해도 소용이 없습니다. 하나님이 그 양심을 심어 놓으신 분이기 때문입니다. 하나님이 심어 놓으신 것이니, 그들이 자신의 기억에 없다고 항변해봐야 아무 소용이 없는 것입니다.

이 세상 어디서나 권선징악은 다 옳은 일이라고 받아들여집니다. 부패한 사회이지만 우리 사회에 권선징악이 없다면, 이 사회 자체의 근간은 아예 무너져 버리고 말 것입니다. 양심을 통해 일반인들 모두가 의를 아는 지식을 어느 정도 다 가지고 있기 때문에 양심이 유대인들에게 주어진 모세의 율법을 대신한다고 말할 수 있습니다. 양심은 의지에 새겨진 것이 아니라 우리의 지성에 새겨진 것입니다. 우리의 마음속에 행하고자 하는 의지가 있으나 무력해서 그 양심을 따라가지 않는 거부와 저항이 있고, 어느 때는 양심을 거스를 때에도 오히려 그것을 기뻐하는 식으로 뒤틀려져 있습니다. 그래서 의지와 감정은 뚜렷한 윤리와 도덕의식에 저항하면서 저항하는 자신을 못 견디게 되자 그것을 옳다 하는 데까지 뒤집어져서 어떻게 손볼 수 없을 만큼 악해지는 것입니다. 우리는, 부패한 생활 속에서 "누구나 하는 악이고 본성상 다 이렇게 살아가는 것인데 이것을 죄로 물으면 어떻게 합니까?"라고 항변하면서 "그것은 잘못이다"라고 말해주는 그 지식조차 부인하고자 합니다.

일반적으로 사람들이 종교성 속에서 옳고 그름의 도덕적인 교훈을 받는 것은 하나님이 심어준 양심의 작동이요, 하나의 종교적 현상입니다. 종교라는 영역 속에서 양심의 작동이 나타나는 것이라 볼 수 있습니다. 우리는 살인, 간음, 도둑질, 거짓말 등을 다 악하다고 생각합니다. 이에 관한 지식이 우리 안에 다 있기 때문입니다. 우리에게 뚜렷한 율법이 없어도 심판 날에 그럴 수 없다고 반박할 수 없는 이유가 분명히 있습니다. 죄를 범하면 양심의 고통을 느끼는 것입니다. 양심은 우리 안에서 우리 자신의 행위를 고발합니다. 심판 때에 주님은 재판장이 되시고 나는 피고인으로 설 텐데, 이때 누가 나를 고소하고 심문하며 나의 죄 됨을 드러내겠습니까? 바로 내 양심이 나를 고발할 것입니다. 살아 있는 동안 양심을 누르고 감각을 무디게 만들었더라도 그날에는 주님이 내 안에 심겨놓으신 그 양심을 꺼내실 것입니다. 그리고 그 양심이 검사석에서 나를 고발할 것입니다. 그 양심의 회로 속에 저장된 나의 생각과 말과 행동이 다 드러나는 것입니다. 내가 잊어버렸어도 양심 속에 저장된 내용이 그날에 모두 재생될 것입니다. 하나님은 그것들을 낱낱이 드러내심으로 우리의 입을 꾹 다물게 하실 것입니다. 그런 상태로 인해서 그날에 주님이 악행에 대해 심판하실 때 헬라인들은 자기를 변명하지 못하는 것입니다.

유대인과 율법

그러면 유대인들은 하나님의 심판 앞에서 어떻게 자신을 변명하겠습니다? 유대인들의 변명은 뻔합니다. 13절을 보겠습니다.

"하나님 앞에서는 율법을 듣는 자가 의인이 아니요 오직 율법을 행하는 자라야 의롭다 하심을 얻으리니"(13절).

지금 이 말씀은 그날에 유대인들이 할 변명을 의식하고 미리 못 박아 놓는 내용입니다. 유대인들은 이렇게 말합니다. "하지만 우리는 언약 백성이 아닙니까? 언약 백성이라는 증거가 여기 있습니다. 바로 모세로부터 받은 율법이 여기 있고, 이 율례는 우리의 모든 생활과 마음의 규칙이었습니다. 하나님이 우리를 자기 백성으로 삼으신 표가 여기 있으니 어찌 그날에 우리를 정죄하실 겁니까?" 사도 바울을 통해 주신 말씀은 "율법을 들었다고 해서 의인이 아니요 오직 율법을 행하는 자가 의인이다"라는 것입니다.

하나님의 기준은 엄정합니다. 신명기 4장 1절에는 "이스라엘아

이제 내가 너희에게 가르치는 규례와 법도를 듣고 준행하라 그리하면 너희가 살 것이요 너희 조상의 하나님 여호와께서 너희에게 주시는 땅에 들어가서 그것을 얻게 되리라"라는 말씀이 나옵니다. 또한 신명기 27장 26절에는 "이 율법의 말씀을 실행하지 아니하는 자는 저주를 받을 것이라 할 것이요 모든 백성은 아멘 할지니라"라는 말씀이 나옵니다. 율법의 말씀을 실행하지 않는 자에게는 저주가 있을 것이라 했더니 백성이 '아멘' 하고 받아들였습니다. 즉, "너희가 율법을 받았으니 실행하는 자가 되어야 한다. 그렇지 못하면 저주를 받을 것이라고 하지 않았는가. 율법을 가지고 있는 자가 의인이 아니요, 행하는 자라야 한다."라는 말씀입니다. 레위기 18장 5절에는 "너희는 내 규례와 법도를 지키라 사람이 이를 행하면 그로 말미암아 살리라 나는 여호와이니라"라는 말씀이 나옵니다.

여기서 이런 구약 말씀은 결국 행위로 의롭다 함을 받는 것을 말하는 것이 아니냐는 질문이 나올 수 있습니다. 그리고 꾀가 많은 유대인들은 얼른 말을 바꿔 "주님, 본래부터 의롭다 함은 행함이 아니라 예수 그리스도를 믿음으로 되는 것이니, 어찌 우리가 율법을 가지고 있었을 뿐 율법을 행하지 않았다 하여 우리를 정죄하려 하십니까?"라고 변명할지도 모릅니다. 그런데 구약에 나온 "내 규례와 법도를 지키라 그리하면 너희가 살리라. 율법의 말씀을 실행하지 않은 자는 저주를 받을 것이라"라는 이 말씀 자체는, 행함으로 의롭다 함과 구원을 받는다는 뜻이 아닙니다. 하나님은 그런 질문에 이렇게 대답하셨을 것입니다. 신학적으로 하나님 말씀의 교훈을 통해 예상해보면 이렇습니다. "네가 잘 말하였구나. 내가 모세를 통해 준 율법을 행함으로 너희가 나의 백성이 되는 것이 아니란다. 내가 너희를 나의 백성으로 불러 율법을 주었느냐, 아니면 율법을 준 것으로 너희가 자격을 얻어 내 백성이 되었느냐?"

어느 것이 먼저입니까? 하나님이 먼저 그들을 부르셨고, 주의 백성이 마땅히 지켜야 할 신앙과 삶의 표준이자 규범으로 모세를 통해 율례를 반포하셨습니다. 하나님은 이 율례를 누구도 온전히 지킬 수 없다는 사실을 잘 아시기 때문에 모세의 율법 속에 속죄의 은혜를 누리는 제사의 규례를 베풀어 주셨습니다. 그리고 절기를 베푸셔서 우리가 안식의 절기를 지켜 나가는 과정 속에 우리의 유일한 영적 안식은 오직 하나님의 은혜뿐임을 알려주셨습니다. 피의 속죄 제사 없이는 우리는 아무것도 아닌 멸망의 자식입니다. 하나님의 은혜만 바라보고 살도록 주께서 만드신 것입니다. 시편을 비롯해 구약 여러 곳에서 성도들이 이렇게 고백합니다. "내가 실제로 하나님 앞에서 마음을 내놓고 참회하는 심령이 되지 않으면 주께서 내 번제를 기뻐 받지 않으신다"(시 51:17 참조). 경건한 성도는 통회하고 상한 심령을 주께서 기뻐 받으신다는 것을 알고 있었던 것입니다.

하나님은 선지자들을 통해 "너희가 불법하고 악을 행하며 손에 피를 적시니 너희의 모든 제사를 내가 받겠느냐"라고 말씀하시면서 참된 제사가 무엇인지를 드러내셨습니다. 주님은 이미 구약 시대에도 "너희는 마음에 할례를 행하라"라고 말씀하셨습니다(신 10:16). 마음에 할례를 받고 주 앞에 나올 때, 하나님은 율례 지키기를 기뻐하고 회개하는 심령 속에서 여전히 온전하지 못한 그들에게 속죄의 제사로 용서하시는 은혜를 베푸시는 것입니다. 믿음으로 의롭다 함을 받은 자가 부족하지만 회개의 마음으로 주 앞에서 율례를 지키려고 애쓰는 것, 그것이 바로 개혁신앙 안에서 주장하는 율법의 제3의 용도입니다. 율법은 구원받은 자가 마땅히 지켜야 될 신앙과 삶의 규범이 되는 것입니다.

그러므로 유대인이 율법을 가지고 있으나 행하지 않으면서 "어차피 의롭다 함은 믿음으로 받는 것이니, 우리가 율례를 지키지 않는다고 해서 하나님이 심판하시지는 않을거야"라고 말하는 것은 잘못된 것입니다. 예수 그리스도를 믿음으로 의롭다 함을 받았으니 율법을 지키지 않은 것으로 정죄받을 이유가 없다며 자신의 악함을 변명하는 태도는 용서되거나 양해되지 않는다는 말입니다.

예수 그리스도 안에서 의롭다 함을 받은 자의 모습

은혜의 길인 예수 그리스도 안에서 의롭다 함을 받은 자는 과연 하나님의 영광을 구하고 존귀를 그분에게 돌리며 썩지 않을 것을 구하고 영생으로 나아가길 소망하는 자가 됩니다. 그렇기 때문에 진실한 믿음을 가진 사람은 율법을 힘써 준행하고자 하는 진실성이 있고, 그것은 참된 믿음을 가진 증거의 열매로 나타나게 됩니다. 그리스도를 믿음으로 의롭다 함을 받은 사람은 하나님의 율법을 사랑하고 행함의 열매를 맺게 됩니다. 하나님은 그 행함의 열매를 드러내셔서 증거로 삼아 우리를 그리스도로 말미암아 구원받은 자라고 공적으로 선포하시는 것입니다. 그래서 마태복음 7장 21절에 "나더러 주여 주여 하는 자마다 다 천국에 들어갈 것이 아니요 다만 하늘에 계신 내 아버지 뜻대로 행하는 자라야 들어가리라"라고 말씀했습니다. "주여 주여" 부르면서 은혜를 이야기한다고 해서 천국에 들어가는 것이 아니고, 하늘에 계신 내 아버지 뜻대로 행하는 자, 곧 연약하지만 주님이 베푸신 은혜에 감사하여 진실한 믿음으로 하나님의 율례를 따라 살고자 하는 믿음을 가진 자들이 천국에 들어간다는 것입니다. 또한 마태복음 5장 16-20절을 보겠습니다.

"이같이 너희 빛을 사람 앞에 비치게 하여 그들로 너희 착한 행실을 보고 하늘에 계신 너희 아버지께 영광을 돌리게 하라 내가 율법이나 선지자나 폐하러 온 줄로 생각하지 말라 폐하러 온 것이 아니요 완전하게 하려 함이라 진실로 너희에게 이르노니 천지가 없어지기 전에는 율법의 일점 일획도 결코 없어지지 아니하고 다 이루리라 그러므로 누구든지 이 계명 중에 지극히 작은 것 하나라도 버리고 또 그같이 사람을 가르치는 자는 천국에서 지극히 작다 일컬음을 받을 것이요 누구든지 이를 행하며 가르치는 자는 천국에서 크다 일컬음을 받으리라 내가 너희에게 이르노니 너희 의가 서기관과 바리새인보다 더 낫지 못하면 결단코 천국에 들어가지 못하리라."

서기관과 바리새인의 의는 무엇입니까? "이 계명 중에 지극히 작은 것 하나라도 버리고"라는 말은, 계명을 가지고 있기는 하지만 지키지는 않는 것입니다. 지극히 작은 것 하나라도 결코 버리면 안 되는데, 그들은 임의로 생각하여 '이건 버리고, 저건 버리고'라고 생각하므로 실제로는 계명 앞에 순종하지 않습니다. 하나님은 그러한 바리새인과 서기관의 의를 천국에 합당한 의가 아니라고 말씀하십니다. 이것은 우리가 바리새인과 서기관보다 더 많이, 더 진실하게 행해서 뛰어난 의를 가져야 한다는 말이 아닙니다. 서기관과 바리새인의 굴절된 율법관을 이야기하시는 것입니다. 그런데 동시에 오직 그리스도로 말미암아 구원받는 자에게 계명과 하나님의 뜻에 순종함으로 빛을 비추라고 하십니다. 이 빛을 비추는 것은 착하게, 하나님의 계명대로 사는 것입니다.

율법을 가지고 있는 것만으로는 결코 의롭다고 할 수 없습니다. 오직 그리스도를 믿음으로 의롭다 함을 받은 사람은 오히려 율법에 순종하는 열매를 맺어 그 믿음의 진실함을 증거합니다. 이 부분은 마태복음 5장에서 그대로 확인할 수 있습니다. 또한 율법을 행하지도 않으면서 스스로 의인이라 칭하는 어리석음에 대해 야고보서 2장 24절은 "이로 보건대 사람이 행함으로 의롭다 하심을 받고 믿음으로만은 아니니라"라고 말합니다. 이때 믿음만이 아니라 행함으로 의롭다 함을 받는다는 것은, 믿음만으로는 부족하기에 행함이 더해져야 의롭다 함을 받을만한 근거가 된다는 말이 아닙니다. 믿음뿐만 아니라 순종을 해야만 예수 그리스도의 의를 덧입을 수 있다는 것도 아닙니다. 예수 그리스도의 의를 덧입기 위해서는 믿음으로 충분한데, 그렇게 믿음으로 의롭게 된 사람은 행함의 열매를 통해 그 믿음의 진실성이 드러나게 된다는 것이 야고보서 2장 24절의 내용입니다.

그래서 과연 내가 구원을 받았는가를 확인하고자 할 때 자신을 들여다보면 알 수 있습니다. "하나님 앞에서 회개하는 마음과 주를 사랑하는 마음과 은혜의 구원에 대한 진실한 마음을 갖고 있는가?" 그 진실성을 보면 알 수 있는 것입니다. 어떤 사람은 자기 마음을 잘 모르겠다고 말할 수 있습니다. "내가 진짜 하나님만 사랑하는 건가? 나는 내 죄도 사랑하지 않는가." 이런 마음이 우리에게 불안감을 일으킵니다. 실제로 죄를 사랑하는 마음은 우리에게 평생 있습니다. 그리고 우리는 평생 죄를 따라가게 되어 있습니다. 그런데 그렇다는 사실로 인해 죄를 따라가는 자기 모습에 대해 "괜찮아. 누구나 다 그런 건데 뭐! 예수 믿고 구원받아도 다 죄를 따라가. 그런 건 신경 쓰지마. 자꾸 신경 쓰다 보면 마음만 불편해!"라는 식으로 반응하는 것은 옳지 않습니다.

오히려 이렇게 반응해야 합니다. "하나님, 어쩌면 좋아요? 저에게 힘을 주세요. 저를 도와주세요." 그리고 죄를 슬퍼하는 마음을 가져야 합니다. 우리는 죄를 슬퍼하는 마음을 어루만져주시고 약속을 주신 그리스도의 용서가 있기 때문에 두려움을 가질 필요가 없습니다. 신자는 죄를 미워하고 슬퍼하되, 그 지은 죄 때문에 멸망의 두려움을 가질 필요는 없는 것입니다. 멸망의 두려움을 갖지 않아도 된다고 해서 죄에 대해 방자하게 지내라는 말이 아닙니다. 죄와 심판에 대한 두려움이 그리스도 안에서 다 없어졌으나 죄를 슬퍼하는 마음은 가져야 합니다. 그러면서 회개의 마음으로 주 앞에 나가는 사람은 믿음으로만이 아니라 행함으로도 의롭게 된 자임이 증거되고 있다고 이야기할 수 있는 것입니다. 결국 그리스도의 의를 접붙임받는 것은 믿음이요, 그런 자임을 나타내 보이는 증거는 행함이라 볼 수 있습니다.

그런데 어떤 사람은 "율법의 순종이 우리의 구원의 근거가 아니라 구원을 받을 만한 믿음에 대한 증거라고 하지만, 그 행위로 의롭다 함을 받는다면 결국 행함으로 의롭다 함을 받는 것 아닙니까?"라고 반문할 수 있습니다. 다시 말하면, "믿음으로 의롭다 함을 받는다고 했으면 그걸로 끝나고 어떻게 살든 상관없다고 해도 될 텐데, 믿음으로 의롭다 함을 받는다고 하면서 아무렇게 살아도 된다고 말하지 않는 이유는 무엇인가?" 바로 이 말입니다. 성경 말씀은 "믿음으로 의롭다 함을 받되 아무렇게나 살면 안 된다."고 쉽게 풀 수 있습니다. 아무렇게나 살지 않는 사람을 가리켜서 의롭다 하는 믿음을 가지고 구원받은 자의 증거라고 말합니다.

하지만 아무렇게나 살면 안 되니까 결국 믿음으로 의롭다 함을 받은 내 행복과 편안함이 사라지고 그것이 나의 의식을 묶어서 자꾸 행함에 대한 치중이 생기니 불안하다고 하는 사람도 있을 것입니다. 이 부분을 잘못 이해하면 결국 행위 구원으로 치우치게 됩니다. 반대로 죄에 대해 방자하게 사는 구원파적 은혜를 지지해도 잘못을 범하게 됩니다. 하나님의 은혜 없이 자연적인 인간의 힘으로 구원받는다고 말하는 것은 애초에 초대교회 때부터 이단으로 규정된 주장입니다. 그런데 기독교 안에서 행위 구원론은 "그리스도의 의를 내 것으로 받는다고 할 때 믿음뿐 아니라 행함이 있어야 한다"고 주장하는 형태입니다. 로마 가톨릭은 이렇게 주장합니다. "자연적 본성에 따라 선을 행하는 것이 아니라 내게 은혜를 주셨기 때문에 내가 선을 행하는 것이다. 하나님은 선을 행하는 나의 상태를 보고 '그렇지, 내가 은혜를 줘서 과연 아름답게 네 상태를 잘 드러냈구나' 하고 의롭다고 하신다." 그런데 저들의 주장이 사실이라면 그리스도의 의는 어디 갔습니까? 저들은 "내가 율법에 순종할 수 있는 상태가 될 수 있도록 은혜를 주시기 위해 그리스도께서 오셨다"고 주장합니다. 원죄를 용서하시고 그리스도로 말미암아 내가 선을 행할 수 있는 능력을 받고 내가 그 능력을 행하면 그것을 보시고 나를 의롭다 하신다는 것이 로마 가톨릭의 주장입니다. 이것은 그리스도의 복음과 어긋난 가르침입니다. 하나님은 행함으로 심판하시는 날에 이런 주장을 아주 분명하게 물리치실 것입니다.

그러면 믿음으로 구원받은 증거로서의 행위의 중요성은 행위 구원과 어떻게 다른가요? 행위 구원은 어떤 형식으로든지 자신의 죗값을 치러내는 일에 자기 역할을 해나갑니다. 즉 개신교 안에서 그리스도의 의를 전가받아야 내 죗값이 치러진다 할 때 그 전가를 끌어오는 역할을 순종의 행위가 한다고 하거나, 그리스도의 은혜로 말미암아 내 안에 놀라운 능력이 생겨서 그 능력으로 말미암아 순종할 때 내가 의롭게 행하고 의로운 자로 확인받는다고 말합니다. 이것은 행위 구원입니다.

반면 은혜의 구원에서는 행함의 역할이 다릅니다. 속죄의 효력을 받는 일에 행함은 아무런 구실을 못합니다. 여러분의 선행과 율법의 순종이 여러분의 죗값을 치르는 데 단 1원의 역할도 못합니다. 따라서 연옥에 가서 고통받는 일을 좀 줄여 보려고 선을 행하는 것은 아무런 도움이 되지 못합니다. 죗값과 형벌을 선행으로 갚겠다는 생각을 하는 순간, 그것은 행위 구원인 것입니다. 은혜의 구원은 내가 선행을 해도 그것이 내 죗값을 치르는 데 아무 구실을 못하는 것입니다. 죗값은 오직 그리스도의 보혈로만 갚을 수 있기 때문입니다. 따라서 내가 의롭다 함을 받는 일에 선행은 어떤 근거가 되지 못합니다. 다시 말해, 그것은 공로적 근거가 되지 못합니다. 공로적 근거는 오직 예수 그리스도의 보혈뿐입니다.

그러면 죗값을 치르는 것도 아니요, 죄의 형벌을 줄이는 것도 아니요, 나를 의롭다 하는 데 어떤 공로적 근거도 아니라면, 도대체 '행함'은 무엇입니까? 행함은 참된 믿음의 증거입니다. 그리고 참된 믿음의 증거는 오직 하나님께 드리는 감사의 제사뿐입니다. 그러니까 마지막 심판 날에 주님이 의인들의 선행을 들어 칭찬하실 때는 다른 것이 아니라 이것뿐입니다. "내가 베푼 구원으로 말미암아 감사하는 자들이다." 외식하는 자는 감사를 모르는 자들이니 처음부터 은혜 바깥에 있는 자들이 됩니다. 이런 차이를 바르게 알고 본문 16절을 보겠습니다.

"곧 나의 복음에 이른 바와 같이 하나님이 예수 그리스도로 말미암아 사람들의 은밀한 것을 심판하시는 그 날이라"(16절).

주님의 은혜를 진실로 깨닫고 감사하며 율례를 지키기를 원하여 주께 도움을 구하며 선행을 한 사람들이 은혜를 알고 감사하는 자라는 사실을 드러내시는 것입니다. 그런 자를 가리켜서 "영생에 합당한 자"라고 말씀하시고 그렇지 않은 자들에게는 영벌을 내리신다고 나와 있습니다. 그러므로 유대인이든 이방인이든 하나님의 심판 앞에서 변명할 수 없습니다. 그 심판 앞에서 참된 은혜를 입은 자 외에는 구원을 받을 자가 없음을 핑계할 수 없는 것입니다.

본문을 통해 깨달은 예수 그리스도의 놀라운 은혜에 깊이 감사하며 하나님께 참으로 감사의 순종을 드리는 복된 여러분이 되기를 바랍니다.

10. 유대인 : 신앙으로 하나님을 욕되게 함

유대인이라 불리는 네가 율법을 의지하며 하나님을 자랑하며, 율법의 교훈을 받아 하나님의 뜻을 알고 지극히 선한 것을 분간하며, 맹인의 길을 인도하는 자요 어둠에 있는 자의 빛이요 율법에 있는 지식과 진리의 모본을 가진 자로서 어리석은 자의 교사요 어린 아이의 선생이라고 스스로 믿으니, 그러면 다른 사람을 가르치는 네가 네 자신은 가르치지 아니하느냐. 도둑질하지 말라 선포하는 네가 도둑질하느냐. 간음하지 말라 말하는 네가 간음하느냐. 우상을 가증히 여기는 네가 신전 물건을 도둑질하느냐. 율법을 자랑하는 네가 율법을 범함으로 하나님을 욕되게 하느냐. 기록된 바와 같이 하나님의 이름이 너희 때문에 이방인 중에서 모독을 받는도다. 로마서 2:17-24

하나님을 영화롭게 하라

예수 그리스도 안에서 성도가 된 것을 고백하고 감사하는 교인이 절대로 잊지 말아야 할 것이 있습니다. 그것은 성도의 정체성입니다. 성도는 스스로 존재 이유를 갖는 것이 아니라 하나님께 부름을 받은 데 그 존재 이유가 있습니다. 따라서 하나님께 부름을 받아 하나님의 자녀로 세움을 받은 목적을 잊지 않아야 합니다. 그것은 바로 하나님을 영화롭게 하는 것입니다. 즉, 하나님이 내게 베푸신 은혜에 감사함으로 하나님께 영광을 돌리는 것입니다. 그렇다면 어떻게 하나님께 영광을 돌립니까? 하나님은 스스로 영광스러운 존재이시기 때문에 다른 어떠한 것으로 인해 영광이 더해지는 분이 아닙니다. 그런데 어떻게 우리가 하나님께 영광을 돌릴 수 있습니까? 바로 하나님이 기뻐하시는 일을 행함으로 그분께 영광을 돌리는 것입니다.

모든 인류가 보편적으로 지키고 살아야 할 마땅한 도리를 이미 밝히 말씀하셨으니, 앞서 본 대로 이방인에게는 양심이요 유대인에게는 율법을 주신 것입니다. 그 율법과 양심으로 옳고 그름과 선악을 분별하는 부인할 수 없는 기준을 각각 두었으매, 하나님은 마지막 날에 심판하실 때에 그것으로 악인과 의인을 구별해 내십니다. 따라서 그날이 오기 전에도 이 땅에 사는 동안 이방인은 양심에 따라, 유대인은 율법에 따라 사는 것이 하나님을 기쁘시게 하고 이것이 하나님이 옳다 하시는 길임을 알게 됩니다. 하나님의 백성이라고 자처하는 자들이 하나님의 가르침과 교훈에 따라 살고자 하여 그들의 삶 속에 거룩한 모양이나 신앙적 결실을 드러내면, 그것으로 인해 하나님이 기뻐하시고 세상 사람들도 선한 것이 있다는 것을 알게 되며 그 일을 이루신 하나님을 찬송하게 됩니다.

착한 행실로 하나님께 영광이 되게 하라

다시 말해, 성도는 선과 덕을 행함으로 하나님께 영광을 돌릴 수 있습니다. 그러나 그것들이 우리를 성도로 만들거나 공로의 근거가 되지는 못합니다. 왜냐하면 우리는 그럴 만한 선을 행할 수가 없기 때문입니다. 그런 덕을 쌓을 사람이 우리 가운데 없기 때문입니다. 전적으로 부패한 우리가 선행과 덕으로 하나님의 자녀가 되는 자격을 얻거나 구원이나 영생을 얻을 만한 근거를 이룰 수 있겠습니까? 전적으로 불가능합니다. 그것이 로마서에서 계속 가르치는 중요한 영적 진리입니다. 그러나 하나님은 자기 자녀를 선과 덕을 행하도록 이끄셔서 그로 인해 기뻐하시며 온 세상으로부터 영광을 받으십니다. 그리고 그 사실을 우리에게 잊지 말라고 교훈하십니다.

성도는 그 부분을 마음속 깊이 새겨야 됩니다. 왜냐하면 그것은 내가 부패하여 행할 수밖에 없었던 모든 죄를 거스르는 일이요, 내가 죽은 자가 아니요 산 자임을 나타내는 증거이기 때문입니다. 내가 산 자이고 하나님의 은혜로 생명을 받았다는 증거가 내 안에 나타나면 그것은 선행과 덕으로 드러나는 것입니다. 따라서 하나님을 알지 못하는 사람들도 선행과 덕이 어떤 이유로 나타나는지, 그 영적인 이치는 몰라도 훌륭한 삶을 보며 "저들이 믿는 하나님은 정말 훌륭하신 게 틀림없다. 저들은 어찌 되었든 제대로 된 사람인 것 같다"라는 평판을 하게 되고 우리의 종교를 함부로 업신여기지 못하게 됩니다. 실제로 신자 옆에 있을 때 자기의 죄상이 드러남으로 신자를 미워하고 하나님을 싫어하는 사람들이 하나님을 섬기는 자들의 아름다운 덕행이 드러날 때 어떻게 견디겠습니까? 몹시 싫어하고 핍박하더라도 두려움 가운데 행하게 될 것입니다. 그럴 때 하나님이 영광을 받으시는 것입니다.

그러면 저들이 하나님의 백성을 핍박할 때 아무 두려워할 이유가 없는 핍박은 어떤 것입니까? 하나님의 이름을 부른다고 하는 사람들이 모였습니다. 그런데 누가 봐도 그들이 죄인이라고 합시다. 즉, 세상의 악과 도덕적 타락 속에 살아가는 자들이 하나님의 이름으로 모였는데, 누군가가 그들의 죄악을 들어 그들을 핍박한다고 합시다. 그

때 말이 핍박이지 사실은 정당한 심판인 것입니다. 세상은 "하나님을 두려워할 이유도 없고 너희가 뭐라고 하든 말은 맞는 말일지 모르지만, 너희의 행함은 심판을 받기에 마땅하다."고 말할 것입니다. 그것은 하나님의 영광을 가리는 일입니다. 마태복음 5장 14-16절을 보겠습니다.

> "너희는 세상의 빛이라 산 위에 있는 동네가 숨겨지지 못할 것이요 사람이 등불을 켜서 말 아래 두지 아니하고 등경 위에 두나니 이러므로 집 안 모든 사람에게 비치느니라 이같이 너희 빛이 사람 앞에 비치게 하여 그들로 너희 착한 행실을 보고 하늘에 계신 너희 아버지께 영광을 돌리게 하라."

성도는 스스로 하나님의 백성이요 자녀라는 사실을 잘 기억하고 자녀로서의 특성을 잘 드러내야 합니다. 말씀에는 그 특성을 "빛"과 "소금"이라고 했습니다. 빛과 소금은 그 기능과 성질을 제대로 드러내지 않으면 아무 쓸모가 없습니다. 특히 빛의 중요한 성질은 '사람 앞에 비추게 하는 것'입니다. 즉, 감출 수 없는 것입니다. 그리고 여기에 나오는 "착한 행실"은 하나님의 율법에 합당한 행위를 말합니다. 신앙적으로 보면 우리는 하나님 앞에 죄인이므로 오직 하나님의 용서 가운데 사는 것이며, 우리가 하나님의 계명을 알도록 가르치시고 행할 수 있도록 능력을 베푸시는 성령의 도우심을 의지해 삽니다. 그럴 때 나오는 신실한 믿음의 반응이 "착한 행실"입니다.

그러나 이 "착한 행실"은 세상 사람이 볼 때 그저 '도덕성'으로 인식됩니다. 배후에 있는 신학적 설명, 즉 죄의 실상과 하나님의 은혜 같은 것은 못 보고 그저 한 가지만 아는 것입니다. 빛이 있다, 착하다 정도로만 보는 것입니다. "양심과 윤리에 비춰볼 때 합당하게 사는구나" 하고 여기는 것입니다. 만일 외적으로 비교할 때 그리스도의 은혜를 알지 못하나 도덕적으로 충실한 사람이 있고, 은혜를 말하나 도덕적으로 실패한 사람이 있다면, 세상은 도덕적으로 선한 사람이 옳다고 할 것입니다. 하나님 앞에서 자신이 죄인인 것과 그런 선이 결코 자기를 의롭게 하지 못한다는 사실을 알지 못하는 세상은 복음의 은혜를 모릅니다. 복음의 은혜는 성경의 계시 안에서 주시는 이치일 뿐입니다. 복음 밖에 있는 자들은 자신들의 종교성이 더 탁월하다고 평가할 것입니다. 하나님은 착한 행실을 매우 중요하게 여기십니다. 하나님의 이름을 부르는 예수의 제자들이 타종교의 신앙인보다 도덕적으로 타락하거나 부패하거나 죄 중에 거하는 것을 하나님은 절대로 기뻐하지 않으십니다.

복음의 능력을 나타낸 초대교회 성도들

만일 도덕적 열매요 결과가 드러나지 않으면, 곧 세상에 빛을 비추어 착한 행실로 하나님께 영광을 돌리는 일이 없으면 "신앙은 껍데기다. 실체가 없다."라는 평가를 받게 됩니다. 허랑(虛浪)하고 실속이 없는 것이지요. 실제로 복음의 능력이 나타난 초대교회의 모습에 대해 사도행전 2장 44-47절에는 이런 설명이 나옵니다.

"믿는 사람이 다 함께 있어 모든 물건을 서로 통용하고 또 재산과 소유를 팔아 각 사람의 필요를 따라 나눠 주며 날마다 마음을 같이하여 성전에 모이기를 힘쓰고 집에서 떡을 떼며 기쁨과 순전한 마음으로 음식을 먹고 하나님을 찬미하며 또 온 백성의 칭송을 받으니."

오순절에 성령이 강림하여 신약 교회를 출범시킬 때 하나님은 교회의 정체성, 신자의 합당한 도리 등에 대해 "하나님을 찬미하며 또 온 백성의 칭송을 받으니"라는 말씀으로 그 성격을 규정하십니다. 착한 사람만 모였다는 것이 아니라 변화된 사람들이 있었다는 것입니다. 즉, 교회는 완전한 사람들이 모인 것이 아니라 죄인들이 모여서 변화되어 가는 것입니다. "착한 사람이 모였기에 착한 일을 기대한다는 것이 아니라 변화를 기대한다"는 뜻입니다. 사도행전 2장의 말씀에는 그 변화 속에서 교회가 충만한 성령의 은혜에 붙들려 있을 때, 그들이 자기의 소유조차 필요에 따라 다른 사람에게 나누어줄 만큼 탐심에 영향을 받지 않는 공동체가 되었고, 날마다 마음을 같이했다고 합니다. 그리고 성도들은 성전에 모이기를 힘썼으며, 하나님 앞에 나오기를 힘쓰고 그것을 즐거움으로 알았습니다. 또, 떡을 떼며 기쁨과 순전한 마음으로 음식을 나누고 함께 주의 교훈을 듣고 배우며 기도했습니다. 정말 굉장한 변화입니다.

사실 이렇게 놀라운 은혜의 역사는 예수 그리스도의 복음을 유대인에게 증거할 때 중요한 신앙적 근거가 됩니다. "보라! 그리스도의 복음에 붙들린 자들의 삶이 어떠한가. 그들이 하나님의 계명 앞에 진실하지 않은가." 바로 이것이 굉장히 중요한 복음 전도의 실체입니다. 물론 고린도 교회에 상상하기 어려운 죄들이 있었고, 갈라디아 교회 안에 이설을 도입하는 사람도 있었습니다. 바울이 디모데에게 당부한 목회 서신은 전부 교회가 얼마나 연약한지를 드러냅니다. 하나님의 보호하심이 없으면 교회가 얼마나 타락하게 되는지를 잘 보여주는 것입니다. 그럼에도 그 가운데 세상과 구별될 만한 교회적 표지가 선명했고 열매도 있었습니다. 그리고 신자가 세상 법정의 타락한 범죄자로 끌려가면서 교회가 노골적으로 지탄받는 일은 없었습니다.

　　그것은 1세기부터 4세기에 이르기까지 지극히 신앙생활이 어려웠던 때 공통적으로 드러난 교회의 성격입니다. 얻을 것이 없는 교회에 나오는 사람들은 죽음을 불사한 것입니다. 당시 예수를 믿으면 죽을 수도 있는데 그들은 예수를 믿었습니다. 그들 중에 세상의 탐욕 때문에 교회에 나오거나, 자신의 욕망과 죄를 그저 편안히 행하고 영적인 나태함 속에서 괜찮다고 하면서 신앙생활을 한 사람은 아무도 없었습니다. 교회사를 보면, 무슨 공식처럼 평안할 때는 교회가 부패합니다. 신앙생활이 어려울 때는 진정한 신자들만 남게 되는 것입니다. 예수님이 하신 말씀이 그대로 맞습니다. 환란과 핍박이 있으면 신앙의 열매를 맺지 못할 자들은 열매를 맺지 못하고 무너집니다.

그리고 여러 가지 이유로 결국에는 신앙의 자리에서 떠납니다. 그런 사람은 하나님의 영광보다 자기의 영광이 더 중요하기 때문입니다.

그러므로 어려운 시대에는 참 성도의 보석 같은 빛이 드러나고, 평안한 시대에는 믿는 것인지 안 믿는 것인지 애매한 사람들이 많은 법입니다. 기독교 교회사뿐 아니라 불교, 힌두교, 이슬람교 어느 종교든 마찬가지입니다. 사회의 주류 종교가 되면 부패합니다. 유대 사회가 별수 있었겠습니까? 구약 시대의 이스라엘 민족 전체가 별수 있었겠습니까? 이스라엘 민족 전체가 주 앞에서 돌이켜 민족적 회심을 하며 영적 부흥이 일어나 그들 모두가 주 앞에 서 있었던 때가 도대체 성경에 얼마나 나옵니까? 언제 그런 적이 있었습니까? 모세가 광야를 이끌던 때, 다윗 때, 솔로몬 때도 아니었고 그 후에도 그런 적은 없었습니다. 그러므로 이 모든 사실을 통해 우리가 깨닫는 것은 교회가 인간의 어떤 제도권 안에 들어와 종교적 구조를 갖고 있을 때부터 무언가를 놓치기 시작했다는 사실입니다. 형식화된 종교적 제도와 교권의 틀 자체의 충실함을 하나님 앞에 충성됨으로 착각하면서 하나님 앞에 자신의 믿음이 어떠한지에 대한 깨달음을 놓칩니다. 영적 상태에 대한 자기 감찰을 놓쳐 버리면, 겉으로는 훌륭한 신자이지만 하나님이 보시기에는 아닌 자들이 많아지는 것입니다.

유대인들의 그릇된 생각

본문의 23-24절은 유대인을 향한 말씀입니다.

"율법을 자랑하는 네가 율법을 범함으로 하나님을 욕되게 하느냐 기록된 바와 같이 하나님의 이름이 너희 때문에 이방인 중에서 모독을 받는도다"(23-24절).

유대인들은 율법을 자랑했습니다. 그 자체로는 좋은 일입니다. 율법을 자랑해야지 율법을 부끄럽게 여기면 되겠습니까? 그런데 그들이 어떤 식으로 율법을 자랑하였는지 보세요. 17절에 그 내용이 나옵니다.

"유대인이라 불리는 네가 율법을 의지하며 하나님을 자랑하며"(17절).

율법을 의지했다는 것은 율법을 손에 들고 "이제 됐어"라고 하는 것과 같습니다. 여러분이 얻고자 하는 것을 손에 딱 들었을 때 기뻐하는 것처럼 유대인들은 율법을 손에 들고 안도감을 느꼈습니다. 시험을 봤는데 합격하거나 구직을 했는데 취업을 해서 기쁜 것처럼 유대인들은 하나님께 율법을 받으면서 "됐다! 내가 하나님의 자녀가 됐구나!" 하고 기뻐했습니다. 하나님의 자녀요, 백성으로 부름받은 것을 율법으로 확인한 것입니다. 이방에는 없는 율법을 받았다는 안도감으로 그것에 의지했다는 뜻입니다. 그래서 그들은 하나님을 자랑했습니다. "봐라! 우리는 택함받은 하나님의 백성이다. 율법을 봐라! 너희는 율법이 없지 않느냐." 여기까지는 별문제 없어 보입니다. 그런데 18-20절을 보면, 그들이 그렇게 율법을 의지하고 하나님을 자랑하면서 스스로 믿는 것이 나옵니다.

> "율법의 교훈을 받아 하나님의 뜻을 알고 지극히 선한 것을 분간하며 맹인의 길을 인도하는 자요 어둠에 있는 자의 빛이요 율법에 있는 지식과 진리의 모본을 가진 자로서 어리석은 자의 교사요 어린 아이의 선생이라고 스스로 믿으니"(18-20절).

유대인들이 "우리는 이런 자들이다"라고 말하는 자기 정체성이 이 부분에 나옵니다. 첫째는, 우리가 율법을 받았으니 하나님의 뜻이 무엇인지 율법을 통해 분별할 수 있게 되었고, 따라서 하나님이 옳다 하시는 것이 무엇인지에 대한 지식을 갖고 있다는 것입니다. 그래서 그들은 이방인들에게 "너희는 하나님이 옳다 하시는 것이 무엇인지를 모른다. 너희는 악하다"라고 합니다. 그리고 18절에 나온 대로 그 지식을 분별하는 그들은 하나님의 거룩하심과 옳으심을 인정하니 자기들이 이방인에 비해 눈뜬 자라고 합니다. 그들이 생각하기에 이방인들은 보지 못하는 자요, 맹인이고 자기들은 그들을 바른 길로 인도해야 할 인도자인 것입니다. "우리는 율법에 있는 지식과 진리의 모범을 가진 자이므로 어리석은 자가 아니요 어리석은 자를 가르칠 지혜로운 교사이며, 어린아이가 아니요 어린아이를 가르칠 선생이다."라고 생각한 것입니다.

그런데 문제는 실상입니다. "그들이 스스로 믿고 있는 것처럼 정말 어린아이의 선생이라 할 만하며 어둠에 있는 자에게 빛을 비출 자이며 맹인들의 길을 인도할 만한 자인가?"라는 질문을 던져보면 "아니다."라는 결론이 나옵니다. 그들의 말대로 정말 그런가 들여다봤는데, 그들이 우리를 가르친 말이 하나님의 율법이 아니라 그들의 생각이었다면 그것은 사기이지 않습니까? "그들이 율법을 진실로 하나님께 받았는가? 그들이 진정 율법으로부터 무엇이 옳고 그른가에 대한 선한 지식을 가지고 있는가?"를 따져봤을 때 "그렇지 않아. 그들은 우리에게 율법을 가르치면서 자기들은 하나도 행하지 않아."라고 그들의 영적 실상이 드러나게 됩니다.

예수님은 마태복음 15장 14절에서 "그냥 두라 그들은 맹인이 되어 맹인을 인도하는 자로다"라고 말씀하셨습니다. 이는 바리새인들을 가리켜 하신 말씀입니다. 예수님이 "만일 맹인이 맹인을 인도하면 둘 다 구덩이에 빠지지 않겠는가? 저들은 구덩이를 피해갈 진리의 능력과 분별이 없다"라고 평가하신 것은 그들이 스스로 믿고 주장하고 가르치는 것과 실제 행실이 너무나 달랐기 때문입니다. 사도 바울을 통해서 하나님은 이렇게 말씀하셨습니다. 본문 21-22절을 보겠습니다.

"그러면 다른 사람을 가르치는 네가 네 자신은 가르치지 아니하느냐 도둑질하지 말라 선포하는 네가 도둑질하느냐 간음하지 말라 말하는 네가 간음하느냐 우상을 가증히 여기는 네가 신전 물건을 도둑질하느냐"(21-22절).

한마디로, 남은 가르치나 자신은 가르치지 않은 것입니다. 마태복음 23장 23절에서 주님은 서기관들과 바리새인들을 책망하시면서 "그러므로 무엇이든지 그들이 말하는 바는 행하고 지키되 그들이 하는 행위는 본받지 말라"고 말씀하셨습니다. 이와 같은 일이 오늘 우리에게도 있다면 이는 끔찍한 일입니다. 예수 믿는 사람들의 공통된 특징이 있다고 합니다. 그것은 바로 말을 잘한다는 것입니다. 심지어 세상에 말을 잘하는 두 부류가 있는데 하나는 공산당이고 하나는 예수 믿는 사람이라는 말도 있습니다. 불신자가 예수 믿는 사람을 보고 예수를 믿고 싶은 마음이 들어야 하는데, 그것이 참 어렵습니다. 인격적 성숙이 사람의 삶을 감화시켜 그 사람을 어떤 사상과 종교를 통해 구원에 이끄는 일은 아주 희소한 일이며 특별한 사람에게만 나타나는 영적인 카리스마입니다.

그래서 "복음을 믿는 사람은 상식대로 행동하자!"라는 말이 굉장히 설득력 있게 들립니다. 합동신학대학원의 한 교수님이 본인을 가리켜 상식의 사도라고 하면서 신학생들에게 "여러분, 신학생으로서 제발 상식적으로 행동하세요. 목회는 상식입니다!"라고 말했습니다. "목회가 상식이다." 상식 밖의 일 때문에 복음이 훼손되는 일이 너무 많으니까 그런 말이 나온 것입니다. 일반적인 신자들의 경우에 반대의 증거는 적어야 합니다. 일반적인 사람들에게 "사람이 어찌 이 모양인가" 하고 생각하게 만드는 반대의 증거들이 많지 않습니까? 그런데 신자들을 보면, "그래도 조금 조심하는구나" 하고 신뢰할 수 있어야 합니다. 무슨 대단한 인격을 갖춰서 감동을 주라는 말이 아닙니다.

유대인들의 모습이 본문에서 적나라하게 드러납니다. 다른 사람을 가르치는 네가 "도둑질하지 말라" 선포해놓고 도둑질을 해버리니 어떻게 하겠느냐? "간음하지 말라" 가르치고 자신은 간음하고, "우상을 가증히 여기지 말라"고 가르치고 자신은 이방인의 신전에 들어가는 것입니다. 유대인이 이방인의 신전에 들어가 "우상의 것들은 다 하나님 것이니까 다 가져가도 돼!"라고 여길지 모르지만 그것은 엄연한 도둑질입니다. 도둑질은 결국 악한 탐욕에서 비롯됩니다. 하나님의 계명을 어기는 자신의 모습을 못 보고 종교의 이름으로 자신의 죄를 가리는 것입니다. 위선의 모습입니다. 예수의 이름을 높이는 일이라는 명분이 있으면 그 동기나 과정이 어떠하든지 다 옳은 것입니까? 아닙니다. 더 중요한 것은 그 행동 이면의 영혼의 상태입니다. 하나님은 바로 그것을 보고 계십니다. 시편 50편 16-21절을 보겠습니다.

"악인에게는 하나님이 이르시되 네가 어찌하여 내 율례를 전하며 내 언약을 네 입에 두느냐 네가 교훈을 미워하고 내 말을 네 뒤로 던지며 도둑을 본즉 그와 연합하고 간음하는 자들과 동료가 되며 네 입을 악에게 내어주고 네 혀로 거짓을 꾸미며 앉아서 네 형제를 공박하며 네 어머니의 아들을 비방하는도다 네가 이 일을 행하여도 내가 잠잠하였더니 네가 나를 너와 같은 줄로 생각하였도다 그러나 내가 너를 책망하여 네 죄를 네 눈 앞에 낱낱이 드러내리라 하시는도다."

하나님이 비유로 말씀하십니다. "이 세계와 거기에 충만한 것이 다 내 것인데 너는 내가 가져오는 제물을 먹고 사는 줄 아느냐? 네가 무수한 악을 행해도 내가 잠잠한 것은 심판을 연기하고 있기 때문이다." 심판을 연기했더니 그들은 자기들이 하는 방식이 하나님을 섬기는 올바른 방식인 양 자기들을 정당화하고 '우리가 믿는 하나님은 이렇게 섬겨도 괜찮다'라고 말합니다. 그러나 그것은 결국 하나님을 자기들의 죄악과 똑같은 하나님으로 동일시하는 것입니다. 하나님은 마지막 날에 그들의 죄를 낱낱이 드러내어 책망하겠다고 하십니다. 위선과 외식의 거짓 신앙은 다 드러나게 되어 있습니다. 하나님과 예수 그리스도의 이름과 교회의 이름을 빙자하여 사욕을 취한 자들의 모든 죄성은 다 드러나게 되어 있습니다. 그날에 하나님은 그들이 악행으로 하나님을 모독한 죄를 판단하실 것입니다. 예수 그리스도의 절대적인 용서의 은혜, 십자가의 전적인 죄사함을 내세우면서 온갖 흉한 짓을 해도 괜찮다고 생각한다면, 그것이 바로 그러한 죄입니다.

하나님을 욕되게 하지 말라

신용카드를 흔들면서 자랑하고 온갖 사람을 불러다가 흥청망청 쓰고 죄악을 다 행하고 나서 그 값을 신용카드로 긁으려 하면 긁어지겠습니까? 예수 그리스도의 죄사함의 은혜는 그렇게 긁어지는 신용카드가 아닙니다. 그렇게 하라고 주신 보혈이 아니란 말입니다. 23절은 이렇게 말합니다.

"율법을 자랑하는 네가 율법을 범함으로 하나님을 욕되게 하느냐"(23절).

그들이 율법을 의지하며 하나님을 자랑하였으나 실상은 하나님을 욕되게 한 것입니다. 그들은 이렇게 말할 수 있습니다. "우리가 하나님을 얼마나 자랑스럽게 여기고, 이방인들에게 하나님을 얼마나 높이며 그분을 찬양했는데, 하나님은 우리에게 욕을 들었다고 하십니까?" 그들은 스스로 하나님을 자랑했다고 하지만 하나님은 욕을 먹었다 하시는 것입니다. 얼마나 무서운 평가입니까?

하나님을 욕되게 하는 자의 죗값은 어떠하겠습니까? 마태복음 23장 23절에서 주님은 그 죗값에 대해 이렇게 설명하셨습니다.

"화 있을진저 외식하는 서기관들과 바리새인들이여 너희가 박하와 회향과 근채의 십일조는 드리되 율법의 더 중한 바 정의와 긍휼과 믿음은 버렸도다 그러나 이것도 행하고 저것도 버리지 말아야 할지니라."

계속해서 예수님은 율법의 실상을 버린 자들을 지적하시고 결론을 내리시는데, 그 부분이 33절에 나옵니다.

"뱀들아 독사의 새끼들아 너희가 어떻게 지옥의 판결을 피하겠느냐."

그들이 지옥의 판결을 피하지 못한다고 말씀합니다. 그 죗값은 지옥입니다. 본문에 나온 대로 하나님을 모독한 자, 신성 모독한 자는 마귀이므로 그와 같은 자리에 들어가는 것입니다. 에스겔 36장에 적나라하게 그러한 내용이 나오는데, 어떤 이는 이 말씀이 이사야서에서 인용된 거라고 합니다. 에스겔 36장 17-20절을 보겠습니다.

"인자야 이스라엘 족속이 그들의 고국 땅에 거주할 때에 그들의 행위로 그 땅을 더럽혔나니 나 보기에 그 행위가 월경 중에 있는 여인의 부정함과 같았느니라 그들이 땅 위에 피를 쏟았으며 그 우상들로 말미암아 자신들을 더럽혔으므로 내가 분노를 그들 위에 쏟아 그들을 그 행위대로 심판하여 각국에 흩으며 여러 나라에 헤쳤더니 그들이 이른바 그 여러 나라에서 내 거룩한 이름이 그들로 말미암아 더러워졌나니 곧 사람들이 그들을 가리켜 이르기를 이들은 여호와의 백성이라도 여호와의 땅에서 떠난 자라 하였음이라."

이미 심판을 받고 이방 땅에 흩어져 버린 백성을 바라보며 그들이 왜 그렇게 되었는지를 설명하시는 대목입니다. 칼빈은 이 구절을 이렇게 쉽게 해석했습니다. "유대인들은 하나님의 백성으로 여겨졌다. 그리고 스스로 자신들의 이마에 하나님의 이름을 새기고 다녔다. 따라서 이스라엘 백성에게 부어지는 온갖 욕은 그대로 하나님의 이름 위에 쏟아지게 되었다." 바로 이 이유 때문입니다. 스스로 그리스도인임을 감추는 비겁한 일을 옳다고 말한 것이 아니고, 그 처신이 차라리 낫다고 했습니다. 그리스도인임을 드러내지 않았으면 그리스도를 욕되게 하지 않았을 것이라는 말입니다. 즉, 죄 중에 있으니까 "나는 그리스도를 잘 몰라요"라며 자신을 감추는 게 옳다고 말하는 것이 아니라, 죄를 행하면 하나님 앞에 은밀히 회개하고 자신을 손가락질하는 자 앞에서 자신의 죄인 됨을 인정하는 용기 속에서 그리스도의 영광이 나타납니다.

"저는 여러분보다 나을 것이 없는 죄인으로 죄를 용서하시는 주님을 바라볼 따름입니다. 나를 품으신 그리스도의 은혜를 생각하면 그런 허물을 행하지 말아야 하는데 저는 죄 중에 있는지라 부끄러운 일을 많이 행했습니다. 이제부터 나는 회개의 시간을 갖습니다. 용서를 바라보면서 하나님 앞에 회개합니다." 이런 고백을 할 수 있다면, 그리스도의 이름을 드러내며 남보다 뛰어난 도덕 행실을 행하지 못한다 해도 하나님의 이름이 모독을 받지는 않습니다. 오히려 하나님의 이름이 높임을 받습니다. "저 사람은 자신의 죄를 솔직히 인정하는구나. 그 죄를 용서하시는 하나님을 바라보고 회개한다니 그 하나님은 참 용서가 많으신 분이구나. 나도 드러나지 않아서 그렇지 사실은 저 사람과 똑같은데 나의 죄는 어떡하지? 나도 그 하나님 앞에 나아가야겠다." 이렇게 은혜의 빛이 비춰지는 것입니다.

신앙의 원리상 참으로 은혜를 받은 자는 하나님을 욕되게 하는 일을 태연하게 또는 고집스럽게 계속해서 행할 수 없습니다. 영적 원리상 허락되지 않는 것입니다. 우리 안에 구원받는 믿음을 주신 성령께서 우리를 그렇게 두지 않으십니다. 죄를 짓는 일이 없다는 것이 아니라 항상 하나님을 바라보게 되는 것입니다. 주님이 나를 용서하신 것처럼 남을 용서하고, 남에게 용서를 구하고, 나를 긍휼히 여기신 그 사랑을 생각하며 다른 이를 긍휼히 여기고, 나를 오래 참으신 것처럼 나도 오래 참고, 하나님의 계명을 지키고자 애를 쓰고, 그것이 나의 의의 기준이 되어 남을 판단하는 것이 아니라 오히려 자신을 부끄럽게 여기는 것입니다. 그런 신자는 거룩한 삶의 변화가 이루어지고 있으나 늘 부드러운 마음을 갖게 됩니다. 그래서 말씀의 지식이 우리를 교만하게 만들어 가는 것이 아니라 부드럽게 만드는 것입니다. 에스겔 36장 21-28절을 보겠습니다.

"그러나 이스라엘 족속이 들어간 그 여러 나라에서 더럽힌 내 거룩한 이름을 내가 아꼈노라 그러므로 너는 이스라엘 족속에게 이르기를 주 여호와께서 이같이 말씀하시기를 이스라엘 족속아 내가 이렇게 행함은 너희를 위함이 아니요 너희가 들어간 그 여러 나라에서 더럽힌 나의 거룩한 이름을 위함이라 여러 나라 가운데에서 더럽혀진 이름 곧 너희가 그들 가운데에서 더럽힌 나의 큰 이름을 내가 거룩하게 할지라 내가 그들의 눈 앞에서 너희로 말미암아 나의 거룩함을 나타내리니 내가 여호와인 줄을 여러 나라 사람이 알리라 주 여호와의 말씀이니라 내가 너희를 여러 나라 가운데에서 인도하여 내고 여러 민족 가운데에서 모아 데리고 고국 땅에 들어가서 맑은 물을 너희에게 뿌려서 너희로 정결하게 하되 곧 너희 모든 더러운 것에서와 모든 우상 숭배에서 너희를 정결하게 할 것이며 또 새 영을 너희 속에 두고 새 마음을 너희에게 주되 너희 육신에서 굳은 마음을 제거하고 부드러운 마음을 줄 것이며 또 내 영을 너희 속에 두어 너희로 내 율례를 행하게 하리니 너희가 내 규례를 지켜 행할지라 내가 너희 조상들에게 준 땅에서 너희가 거주하면서 내 백성이 되고 나는 너희 하나님이 되리라."

성령 하나님의 역사가 우리의 굳은 마음, 옛 본성에 따른 완악하고 강퍅한 마음을 부드럽게 해주십니다. 용서받은 자는 말할 수 없을 정도로 행복합니다. 얼마나 큰 고통을 당할지 두려워하며 벌벌 떨다가 용서를 받는 그 순간에 안도감이 들며 마음이 다 녹아 버립니다. 그 마음으로 하나님의 율례를 행하게 되는 것입니다. 26절에 나온 것처럼 굳은 마음을 제거하고 부드러운 마음을 주는 것은 성령께서 하시는 것으로, 새 마음은 전적인 은혜의 대해 각성하는 마음입니다. 그리고 그 마음은 27절에 나온 대로 율법을 감사함으로 지키는 성도의 모습으로 드러납니다. 이는 앞서 나온 것처럼 "저들에게 율법을 전한 네가 율법을 범함으로 하나님을 욕되게 했다"고 말할 수 있는 근거가 됩니다. 여기서 사도 바울은 유대인들의 영적 정서나 영적 원리가 은혜받은 자의 그것과 다름을 지적하면서 너희 율법이 너희를 하나님 앞에서 의롭다 하겠느냐고 유대인의 악함을 드러내고 있습니다.

11. 마음의 할례

네가 율법을 행하면 할례가 유익하나 만일 율법을 범하면 네 할례는 무할례가 되느니라. 그런즉 무할례자가 율법의 규례를 지키면 그 무할례를 할례와 같이 여길 것이 아니냐. 또한 본래 무할례자가 율법을 온전히 지키면 율법 조문과 할례를 가지고 율법을 범하는 너를 정죄하지 아니하겠느냐. 무릇 표면적 유대인이 유대인이 아니요 표면적 육신의 할례가 할례가 아니니라. 오직 이면적 유대인이 유대인이며 할례는 마음에 할지니 영에 있고 율법 조문에 있지 아니한 것이라. 그 칭찬이 사람에게서가 아니요 다만 하나님에게서니라. 로마서 2:25-29

자기 의에 빠진 유대인들

본문은 유대인들이 가지고 있었던 헛된 망상을 깨어 부수는 두 번째 이유를 제시하고 있습니다. 유대인들은 스스로 자신이 하나님 앞에서 진실된 신앙인이고, 하나님이 이방인과 구분하여 자기들에게 특별한 은혜를 부으셨다고 믿었습니다. 그들은 하나님이 그들의 하나님이라는 강한 확신과 자긍심으로 똘똘 뭉쳐 있는, 종교적 열심이 매우 강한 그런 사람들이었습니다. 그런데 하나님이 보실 때 그것은 헛된 망상이요, 하나님이 인정하시지 않는 거짓된 신앙의 자기 이해에 불과했습니다. 유대인들은 스스로를 어떻게 생각했습니까? 본문의 앞부분 17-20절을 보겠습니다.

"유대인이라 불리는 네가 율법을 의지하며 하나님을 자랑하며 율법의 교훈을 받아 하나님의 뜻을 알고 지극히 선한 것을 분간하며 맹인의 길을 인도하는 자요 어둠에 있는 자의 빛이요 율법에 있는 지식과 진리의 모본을 가진 자로서 어리석은 자의 교사요 어린 아이의 선생이라고 스스로 믿으니.”

첫째, 유대인들은 자기들이 율법에 따라 산다며 “하나님은 우리의 하나님이요, 우리가 하나님을 영화롭게 한다.”는 하나님과의 관계에 대한 자기 확신이 있었고, 자기들을 율법의 지식이 있는 자라고 생각했습니다. 18절의 “율법의 교훈을 받아 하나님의 뜻을 알고”라는 표현은 율법의 지식이 있는 자라는 것입니다. 즉, 선한 것이 무엇인지 알고 있으니 지식이 있는 만큼 맹인에 대해서는 길을 인도하고 어둠이 있는 자리에서는 빛이 되므로 그들 자신이야말로 “율법에 있는 지식과 진리의 모본을 가진 자”라며 자기들에 대한 강한 종교적 확신을 갖고 있었습니다. 이러한 자부심을 들여다보면 그들은 종교적 열심이 대단한 사람들이었다는 것을 알 수 있습니다.

이것을 유대인이라 정해놓고 봐서 그렇지, 전체 문맥에서 그 사실을 빼고 보면, 그들은 하나님의 말씀을 의지하고, 하나님 안에서 하나님으로 말미암아 자부심을 느끼고, 그로 인해 하나님께 영광 돌리는 것을 기뻐하고, 하나님 말씀의 교훈을 잘 살펴 무엇이 옳은지를 잘 분별해서 죄 중에 있는 어리석은 자들을 인도하고, 그들 앞에 말씀을 가르치는 선생으로 서 있을 때 그로 인하여 기뻐하고 자랑스러워하는 사람들입니다. 모르고 보면, 이런 사람을 가리켜 아주 훌륭한 신앙인이라 할 것입니다. 유대인들은 절대로 자기의 한계와 문제점을 못 볼 정도로 눈을 스스로 가리는 치명적인 오류 속에 빠져 있었습니다. 도대체 무엇이 잘못된 것입니까? 이 태도의 문제는 무엇입니까? 그들에게 "너희는 죄인이다. 하나님이 너희를 그대로 두지 않으실 것이다. 하나님 앞에 너희는 오히려 책망받을 자들이다"라고 선언한다고 합시다. 그들의 반응이 어떨까요? 그들은 "너야말로 살려둘 수 없는 자다"라며 벌 떼처럼 들고일어나서 죽이려 했을 것입니다. 그렇게 죽인 이가 우리 주 예수 그리스도입니다.

하나님은 그들이 스스로 믿고 있는 그 표면적 태도가 아니라 그들의 진실된 영적 정체성을 보셨습니다. 그들은 그것을 깨달아야 했습니다. 잘못하면 스스로를 제대로 보지 못하고 자기 열심과 자기 지식에 사로잡힐 수 있습니다. 하나님이 정확하게 들여다보시는 영적 실상은 무엇입니까? 하나님의 평가는 실로 너무나 무서운 평가입니다. 하나님은 그들에게 너희가 오히려 나를 욕되게 한다고 말씀하셨습니다. 유대인들이 스스로 믿는 종교적 자부심에도 불구하고 하나님께서 그렇게 말씀하신 까닭은 무엇입니까? 그에 대한 내용이 본문의 앞부분 21-24절에 나옵니다.

> "그러면 다른 사람을 가르치는 네가 네 자신은 가르치지 아니하느냐 도둑질하지 말라 선포하는 네가 도둑질하느냐 간음하지 말라 말하는 네가 간음하느냐 우상을 가증히 여기는 네가 신전 물건을 도둑질하느냐 율법을 자랑하는 네가 율법을 범함으로 하나님을 욕되게 하느냐 기록된 바와 같이 하나님의 이름이 너희 때문에 이방인 중에서 모독을 받는도다."

하나님은 그들이 율법을 지키지 않았다고 하십니다. 그러나 유대인들은 이 말을 받을 수 없었습니다. "아니, 우리가 율법을 지키지 않는다니? 지켜야 할 율법의 지식은 오직 우리만 갖고 있고 이방인은 모르잖아. 오직 우리만이 율법의 교훈과 지식에 대한 소유자요, 따라서 우리가 그것에 따라 살려고 얼마나 신앙적으로 노력했는데 하나님은 어찌 그것을 못 보시는가?" 유대인의 종교 사회를 생각해보세요. 철저히 성경 중심적, 종교 중심적입니다. 하나님의 통치 아래에 있다고 생각하는 그들의 삶 속 가운데 나타나고 있는 지배적인 종교적 영향력을 생각할 때, 하나님이 자기들에게 율법을 지키지 않았다고 말씀하시는 게 맞느냐는 말입니다. 그들은 하나님의 이 지적과 책망이 정당하지 않다고 여겼습니다.

그러나 21절은 이렇게 말합니다. "도둑질하지 말라 선포하는 네가 도둑질하느냐." 이 말씀은 그들이 모두 도둑질했다는 것이 아닙니다. 그들 가운데 도둑질하지 말라는 계명에 불순종하는 모습이 있다는 것입니다. 마찬가지로 간음하지 말라는 명령에 순종하지 않고 우상을 가증하게 여기면서 신전 물건은 훔쳐도 된다 생각하여 탐심에 의해 그것을 훔쳐오는 그들이 과연 율법을 자랑하고 보호하는 자인지 물으십니다. 결국 이 말씀의 뜻은 무엇입니까? 유대인들도 별수 없다는 것입니다. "그들은 특별히 도덕적으로 탁월한 자들만 모여 있는 무리가 아니다"라는 사실 정도를 말하는 게 아니라, 그들이 율법을 가지고 있으나 근본적으로 참된 교훈을 깨닫지 못한 채 스스로 율법을 행하고 있다고 착각하고 있다는 것입니다. "간음하지 말라 말하는 네가 간음하느냐." 주님은 여인을 보고 음욕을 품은 자에게 이미 간음한 것이라고 말씀하셨습니다.

실제로 어떤 사람은 다른 이에 비해 상대적으로 도덕성이 탁월하고 뛰어날 수 있습니다. 도덕적인 측면에서의 노력과 수고 자체가 없다는 것이 아닙니다. "이렇게 양심과 법에 거리낌 없이 살려고 노력해 왔는데 내가 무슨 죄인인가?"라고 되묻는 마음속에 들어 있는 영적인 굴절상이 문제입니다. 이들은 하나님의 율법을 보면 볼수록 자기가 의인이라고 착각합니다. 이것은 하나님의 율법을 오해하고 잘못 적용한 것입니다.

하나님은 그들을 율법을 전혀 행하지 않은 자들로 보십니다. "도둑질하지 말라. 살인하지 말라. 부모를 공경하라. 탐심을 품지 말라. 거짓증거하지 말라." 이 다섯 가지 계명만 보아도 그 내용 앞에서 죄인 됨이 드러나는데 그들은 스스로 가르치는 자요, 선생이요, 빛이라고 자부하면서 자기 의를 내세웁니다. 그래서 오히려 하나님은 율법을 지켰다고 자부하는 그들을 그들보다 도덕적 수준이 더 탁월한 이방인과 비교하면서 부끄럽게 만드십니다. "네가 율법을 지켰다고 말하느냐? 네가 율법 앞에 의로운 자냐? 그러면 율법을 모르는 이방인을 들어 살펴보자." 유대인들과 믿지 않는 사람들을 비교해보니 유대인들의 도덕성과 정직성이 더 낫다고 할 것이 못됩니다. 오히려 믿지 않는 자들보다 더 못하기도 합니다. 그래서 그들이 율법을 자랑하지만 이방인 중에서 모독을 받는 것이라고 하십니다. 예를 들어, 바벨론에 포로로 끌려간 유대인들은 바벨론에서 무엇을 봅니까? 바벨론은 형편없이 악하고 도둑의 소굴 같아야 될 것 아닙니까? 그런데 바벨론은 질서 있는 문화와 나름의 윤리 아래 국가 체제가 세워져 있었습니다. 그들과 비교할 때 멸망당한 이스라엘의 도덕적 부패성은 빛을 잃어버릴 만했습니다. 어떤 빛도 자랑할 수 없게 되어 버린 것입니다.

오늘날 교회와 교인도 마찬가지입니다. 교인들은 세상의 죄를 손가락질할 자격이 없습니다. 세상 앞에 드러낼 첫 번째 모습은 죄인 됨에 대한 고백을 하는 것입니다. "당신들은 다 죄인이요. 나는 예수를 믿고 의롭게 되어 천국에 갑니다. 나는 천국을 가기 위해 예수를 믿는 것입니다." 이것은 맞는 말이지만 "나는 천국에 가니 당신보다 더 의인이다"라고 생각하면 안 됩니다. "나는 당신보다 더 흉한 죄인일 수 있으나 예수를 믿습니다"라는 말밖에 할 수 없는 것입니다. 죄인임을 고백할 때 역설적으로 회개의 모습 안에서 깨지고 무너지는 변화의 역사들이 우리 안에 나타나게 됩니다. 이러한 변화의 모습을 보고 세상이 "그들은 죄인이라고 하지만 사실은 훌륭한 모습이 많네. 죄인이라고 하는데 보니까 좀 다르다. 죄인이라고 하는데 사는 목적과 이유가 달라"라고 하는 순간, 교회 또는 신자는 세상에 빛을 비추게 됩니다. 물론, 교회가 완전한 발광체로 세상에 서 있지는 못합니다. 그래서 늘 조심하고 부끄럽게 여겨야 합니다. 세상이 교회를 손가락질할 때 맞다고 인정하면, 세상은 교회를 향해 비난을 퍼부은 뒤에 반응을 달리 하게 됩니다. "어찌 저런가? 이쯤 됐으면 발광을 하고 발악을 하고 저항을 해야 될 텐데 어떻게 그렇게 욕을 해도 저렇게 반응할 수 있는가?" 그들은 자기들이 작은 것을 과장하여 교회를 핍박한다는 것을 스스로 압니다. 비판에는 정당한 비판도 있지만 과장된 비판도 있습니다. 그래서 어찌 되었든 기회를 잡아서 쏟아 내는 비판이 있을 때, 참된 신자는 그 가운데 반응의 태도가 다릅니다.

유대인들은 자기들이 율법을 가졌다고 믿었으나, 하나님이 보실 때는 율법의 참된 적용도 없는 자요, 이방인에 비해 탁월할 것도 없는 자들이었습니다. 그래서 하나님이 오히려 너희 때문에 내 이름이 모독을 받는다고 말씀하신 것입니다. 그러니까 하나님의 백성으로서 지위와 신분의 안정성은 하나님의 율법을 알고 있다는 사실만으로 보장되는 것이 아닙니다. 우리가 율법 또는 성경에 대해서는 세상보다 더 잘 알 것입니다. 그러나 그것으로는 충분하지 않습니다. 말씀의 지식을 아는 것은 하나님의 백성 됨의 필요조건이지 충분조건은 아닌 것입니다.

할례를 잘못 내세우는 유대인들

자, 그러면 이 정도에서 유대인들이 돌이켜 회개했을까요? 그렇지 않았습니다. 유대인들은 하나님이 "너희 때문에 이방인 가운데 내 이름이 모독을 받는다"고 말씀하실 때도 "하나님, 도대체 무슨 말씀을 하시는 것입니까?"라고 하나님과 논쟁할 준비를 할 뿐 돌이켜 깨닫지를 못했습니다. 유대인들은 자기들이 하나님의 백성 된 것을 하나님이 부인하실 수 없게끔 하나님이 스스로 말씀하시고 약속하신 그 증표를 탁 내놓고 "보소서, 우리는 하나님의 백성입니다. 이래도 부인하실 건가요?"라고 이야기합니다. 여기서 증표는 바로 '할례'입니다. "우리는 할례를 받은 백성입니다. 이방인에게는 없습니다. 이 할례가 어떻게 우리에게 주어진 것입니까? 하나님이 아브라함에게 약속하시며 '너는 나의 백성이요. 나는 너의 자손을 바다의 모래처럼 많게 하여 너로 큰 민족을 이룰 것이다. 이 약속의 증표로 할례를 행하라.' 라고 하셨고, 아브라함의 언약에 따라 오늘날까지 할례가 이어져 왔습니다. 하나님이 우리에게 약속하신 그 할례의 증표가 여기 있는데 그것을 부인하시겠습니까?" 유대인이 하나님의 백성이라는 지위와 신분에 대한 외적 증거는 할례보다 강렬한 게 없는 것입니다.

25절은 그들의 저항과 논리를 그대로 예상하고 계속해서 말씀을 풀어갑니다.

"네가 율법을 행하면 할례가 유익하나 만일 율법을 범하면 네 할례는 무할례가 되느니라"(25절).

할례가 하나님을 욕되게 한 저들을 향한 비판에 대한 보호 장치가 됩니까? 하나님은 그렇지 않다고 말씀하십니다. 갈라디아서 5장 3절은 그들이 하나님 앞에 할례를 증표로 내놓는 것은 그들이 할례가 무엇인지도 모르는 자임을 드러내며 또 다른 어리석음을 드러낼 따름이라고 합니다. 그들이 "하나님, 보세요. 우리는 할례를 받지 않았습니까?"라고 할례를 증표로 내놓을 때, 하나님은 "할례가 무엇이냐"고 되물으십니다. 즉, "할례란 하나님의 율법에 따라 살아야 될 존재임을 스스로 인정하고 하나님이 마땅히 행할 바를 밝혀 가르쳐주신 대로 살겠다고 약속한 증표가 아니냐? 할례는 율법을 행할 의무를 너희에게 주고 너희가 그 의무를 받은 것이지, 할례가 율법에 불순종해도 괜찮은 자유를 주는 것이냐?"라고 되물으시는 것입니다.

할례란 하나님의 언약 백성으로 살아갈 책임을 주 앞에 인정하고, 그 책임을 스스로 감당하지 못하니 "하나님, 우리를 불쌍히 여기시고 은혜를 부어주옵소서"라고 기도하게 합니다. 그 책임을 행하지 못할 때에 자신의 부패한 성품과 죄성을 들여다보면서 할례로 육신의 일부를 베었지만 실상은 마음 전체요 본성을 베어야 한다는 사실을 고백하고 나오는 것입니다. 다 베고 나와야 할 이 뿌리 깊은 죄악된 본성, 자신은 도무지 뽑아낼 수 없는 본성을 베어야 한다고 주 앞에서 고백하는 것이 할례인 것입니다. 그러므로 그 부패를 알고 할례의 의미를 제대로 아는 사람은 절대로 자기 의에 빠질 수가 없습니다.

할례의 본질은 믿음을 전제로 한 영적인 약속입니다. 그래서 이렇게 고백하게 됩니다. "우리는 하나님만 믿습니다. 우리는 하나님을 전적으로 섬기고 하나님이 만들어 가시는 목적에 따라 살아야 하는 자들입니다. 그런데 부패하여 이 일을 하지 못하니 어찌 우리가 우리의 힘으로 우리의 마음에 할례를 행하겠습니까? 주께서 말씀하신 약속의 징표대로 외적인 육신의 할례를 행하지만, 주께서 은혜를 주시고 불쌍히 여기셔서 우리를 새롭게 하여 주옵소서. 그러하실 때라야 우리의 마음이 할례를 받겠나이다. 우리는 주 앞에 죄인일 따름입니다." 바로 이렇게 통회하는 심령으로 나가는 사람이 할례의 의미를 아는 것입니다. 그런 자가 어떻게 너희 때문에 이방인의 모독을 받는다는 하나님 앞에 "우리는 하나님의 백성입니다. 할례를 받았잖아요"라고 말할 수 있겠습니까? 그러므로 말씀에서 묘사하는 유대인들은 말씀의 시작과 끝을 완전히 혼동하고 있는 사람들인 것입니다. 의식을 행하여 거룩한 하나님의 백성의 외적인 증표만 꽉 채워서 "할례 했죠? 절기 지켰죠? 제사 드렸죠? 계명을 가르치죠?" 하는 자들입니다. 그들의 종교적인 모습은 하나님이 보실 때에 구원에 이를 만한 말씀을 아는 자나 참된 언약의 의미를 아는 자를 보여주지 못합니다. 그러므로 그들은 소경이요 어리석은 자니, 소경이 되어 소경을 인도하는 자에 불과한 것입니다. 그래서 주님은 마태복음 15장 14-20절에서 그들의 상태에 대해 이렇게 말씀하셨습니다.

"그냥 두라 그들은 맹인이 되어 맹인을 인도하는 자로다 만일 맹인이 맹인을 인도하면 둘이 다 구덩이에 빠지리라 하시니 베드로가 대답하여 이르되 이 비유를 우리에게 설명하여 주옵소서 예수께서 이르시되 너희도 아직까지 깨달음이 없느냐 입으로 들어가는 모든 것은 배로 들어가서 뒤로 내버려지는 줄 알지 못하느냐 입에서 나오는 것들은 마음에서 나오나니 이것이야말로 사람을 더럽게 하느니라 마음에서 나오는 것은 악한 생각과 살인과 간음과 음란과 도둑질과 거짓 증언과 비방이니 이런 것들이 사람을 더럽게 하는 것이요 씻지 않은 손으로 먹는 것은 사람을 더럽게 하지 못하느니라."

이와 같은 인간 군상 속에서 하나님이 일부를 택하여 불러내어 자신의 백성을 삼으실 때 하나님은 그들에게 언약 백성으로 마땅히 행할 율법을 주시면서 "하나님의 거룩한 백성됨은 외적 의식에 있는 것이 아니요 영혼 중심, 마음 중심을 죄로부터 하나님께 돌이키는 데 있는 것이니, 마음의 할례를 행하라"라고 명령하십니다. 죄는 마음으로부터 하나님을 거스르는 것이니 마음에 할례를 행하여 의의 백성으로 산다는 것은 마음으로부터 하나님을 향하여 나아가는 것입니다. 그러면 거룩한 하나님의 빛 가운데서 우리의 부패성이 드러납니다. 따라서 우리가 하나님께 구할 것은 전적인 자비와 용서와 긍휼입니다. 우리에게 은혜를 베푸사 하나님의 거룩한 뜻을 순종하게 하심으로 우리가 죽은 자의 행실이 아니요, 산 자의 삶을 살도록 이끄시는 하나님의 손길 외에 우리가 바랄 것이 무엇이겠습니까? 이것은 우리의 본성으로는 할 수 없는 일이니 전적인 죄사함의 용서로 그리스도의 속죄가 필요한 것입니다. 그리고 우리의 마음을 새롭게 하여 능력을 주시고 소망 가운데 이끌어 주시는 성령 하나님의 도우심이 절실한 것입니다.

마음의 할례를 받은 자

그러면 마음의 할례를 행했는지, 행하지 않았는지 어떻게 구별합니까? 이스라엘 백성 가운데서 육의 할례를 한 자에 불과한지, 마음의 할례를 한 자인지 어떻게 구별합니까? 오늘날 교회 안에서는 어떻게 구별하겠습니까? 할례가 우리에게는 세례와 같으니, 세례를 받을 때에 외적으로는 고백하였으나 마음으로는 믿지 않은 사람은 마음의 할례를 받지 못한 자입니다. 즉 고백을 통하여 세례를 받았으나 그 영혼의 중심이 진실하지 못한 사람, 말씀이 항상 떠 있어 영혼 중심에 들어가지 않고 한 귀에서 한 귀로 흘러가는 사람이 있습니다. 말씀을 계속 들으니 익숙해져서 신앙의 모습은 갖고 있는데 그 말씀이 영혼을 뒤집어놓지를 못하니 그 잠겨 있는 더러운 영혼의 티끌이 다 일어납니다. 그 더러운 티끌들이 마음에서 일어나는 대로 그것을 지우는 생수를 맛보는 경험과 모습의 열매들이 나타나야 하는데, 그런 영의 역사가 나타나지 않으면 그것은 마음의 할례를 받지 못한 자와 다를 바가 없는 것입니다.

오늘날 교인 중에 많은 사람들이 그런 모습을 갖고 있습니다. 죄를 짓는 일에 참 담대한 것입니다. 교인을 상대로 예수 믿는 사람끼리 만났으니 잘해보자고 하면서 사기를 치는 경우도 있습니다. 그 사람이 거짓으로 신자라고 말했으면 '신자도 아닌데 그랬구나' 할 텐데 진짜로 교회에서 잘 활동하는 사람이면 그것은 문제입니다. 본문의 내용은 유대인의 문제가 아니요, 그리스도와 하나님을 믿는 모든 사람에게 적용되는 말씀이라 볼 수 있습니다.

결국 '마음의 할례를 한 자인가 아닌가'에 대한 구별은 두 가지로 알 수 있는데, 첫째는 율법을 행하는 것입니다. 본문 26-27절을 보겠습니다.

"그런즉 무할례자가 율법의 규례를 지키면 그 무할례를 할례와 같이 여길 것이 아니냐 또한 본래 무할례자가 율법을 온전히 지키면 율법 조문과 할례를 가지고 율법을 범하는 너를 정죄하지 아니하겠느냐"(26-27절).

여기에 나오는 무할례자는 당연히 이방인을 가리키는 것입니다. 그들은 율법의 지식이 없습니다. 그러나 이방인이라도 그 양심에 따라 행해서 결과적으로 율법의 규례를 지키게 되면 무할례자이지만 오히려 할례를 받은 자와 같은 것이라 합니다. 왜냐하면 할례는 율법을 행할 때 할례의 참된 의미와 목적이 드러나기 때문입니다. 그리고 "율법의 규례를 지키면 그것을 할례로 여길 것이니 만일 무할례자가 율법을 온전히 지키면 오히려 그가 너를 정죄하지 않겠느냐"라고 합니다. 결국 '마음의 할례를 한 자인가 아닌가'는 율법을 지키는 것으로 알 수 있습니다.

그런데 무할례자 중에 율법을 온전히 지키는 사람이 있겠습니까? 아무도 없을 것입니다. 그러니까 본문은 이방인 중에서 율법의 조문을 온전히 지킬 자가 있다는 것을 말하려는 것이 아닙니다. 하나님이 할례를 받지 못해도 율법을 행하면 오히려 할례를 행한 자보다 낫다고 인정하실 만큼 할례는 외적인 표지일 뿐, 너희가 율법을 지키지 않으면서 하나님의 백성이라고 자랑할 이유가 없다는 사실을 일깨워 주려는 말씀입니다. 마음의 할례는 율법을 행하는 것과 맞물립니다. 여기서 율법을 지킨다는 것은 온전하고 완전한 율법에서 흠 없는 자가 되어야 한다는 뜻이 아니라 그 중심이 하나님의 교훈 앞에 서 있어야 한다는 것입니다. 그들이 하나님 앞에서 영혼 중심이 겸비한 자가 되지 못하니까 그것을 일깨워주시려고 역설적으로 설명하시는 것입니다. 유대인임을 나타내는 할례는 결국 외적인 표징에 불과하고, 그 할례가 참된 할례가 되려면 내면의 할례가 이루어져야 합니다. 그래서 하나님은 성경 도처에서 구약 교회가 하나님께 불순종하고 타락할 때마다 종들을 보내 저들을 돌이키시며 이렇게 말씀하셨습니다. "마음의 할례를 행하라."

"무릇 표면적 유대인이 유대인이 아니요 표면적 육신의 할례가 할례가 아니니라 오직 이면적 유대인이 유대인이며 할례는 마음에 할지니 영에 있고 율법 조문에 있지 아니한 것이라 그 칭찬이 사람에게서가 아니요 다만 하나님에게서니라"(28-29절).

28-29절에서 표면적 유대인과 이면적 유대인은 육적 할례를 하는 데에 그친 자와 마음의 할례까지 나아간 자에 대한 구별을 표현한 것입니다. 그러면 29절에서 "할례는 마음에 할지니 영에 있고 율법 조문에 있지 아니한 것이라"라는 말은 무슨 뜻입니까? 그 말은 "경건이 없는 외적인 의식 자체만 행했다면 율법 조문에는 합당하게 했으나 실제로는 할례의 의미가 없는 것이다. 그것은 율법의 문자를 지켰을 뿐 영에 따라 한 것이 아니다. 마음의 할례를 받아 참된 목적을 이루지는 못한 것이니 죽은 것이 아니냐? 그런 할례는 아무런 유익이 없다"는 뜻입니다.

하나님을 진실하게 사랑하고 그 안에 있고자 하는 영혼의 목마름과 간절함이 있고 죄를 용서받기 원하는 마음이 있어서 예수의 십자가 외에는 우리의 생명이 없다고 고백하며 그리스도 앞에 엎드릴 때, 하나님은 모든 죄를 하나도 보지 않으시고 용서의 은혜를 베풀어 주십니다. 그러한 고백을 하고 용서의 은혜를 받은 자가 어찌 죄 중에 있기를 기뻐할 수 있겠습니까? 하나님 앞에서 눈물로 이렇게 구할 것입니다. "죄 가운데 머물 수 없으니 하나님, 도와주세요." 그때 웨스트민스터 대요리문답 76문답에 나와 있는 대로 하나님의 은혜로 이루어진 놀라운 회개의 씨앗들이 더욱더 살아나고 새로운 생명으로 자라나는 역사가 나타나는 것입니다.

문 76. 생명을 얻게 하는 회개는 무엇입니까?

답 : 생명을 얻게 하는 회개는 구원의 은혜이다. 그것은 죄인의 마음에 하나님의 영과 말씀을 통하여 일어나는 것이다. 사람이 보지도 못하고 깨닫지도 못하는 지경에 있을 뿐 아니라, 더럽고 추악한 죄 가운데 있더라도 그리스도 안에 나타난 하나님의 자비를 깨닫고 참회하면서, 자기의 죄에 대하여 슬퍼하고 죄를 미워하는 것이다. 그래서 모든 죄를 떠나 하나님께로 돌아서고, 모든 일에 새롭게 순종하는 가운데서 하나님과 동행하는 삶을 사는 것을 목적을 삼으며, 그러기 위하여 끊임없이 노력하는 것이다.

이스라엘을 심판하시면서 그들을 회복하겠다는 약속을 주실 때, 하나님은 바로 이 부분에 대한 새로운 약속을 주십니다. 예레미야 31

장이 핵심입니다. 결국 이 부분이 바로 서지 못하면 교회는 회복되지 않습니다. 예레미야 31장 32-33절을 보겠습니다.

"이 언약은 내가 그들의 조상들의 손을 잡고 애굽 땅에서 인도하여 내던 날에 맺은 것과 같지 아니할 것은 내가 그들의 남편이 되었어도 그들이 내 언약을 깨뜨렸음이라 여호와의 말씀이니라 그러나 그 날 후에 내가 이스라엘 집과 맺을 언약은 이러하니 곧 내가 나의 법을 그들의 속에 두며 그들의 마음에 기록하여 나는 그들의 하나님이 되고 그들은 내 백성이 될 것이라 여호와의 말씀이니라."

하나님이 이스라엘의 회복을 말씀하시면서 무엇을 말씀하십니까? 내가 나의 법을 그들 속에 두고 그들의 마음에 기록한다고 하시며 마음의 할례를 말씀하십니다. 고린도후서 3장 6절은 "우리를 새 언약의 일꾼 되기에 만족하게 하셨으니 율법의 조문으로 하지 아니하고 오직 영으로 하셨다"고 말씀합니다. 우리 안에 성령의 은혜의 역사가 역동하는 것입니다. 하나님의 거룩한 율법을 껍데기만 취하고 그것의 참된 의미와 목적을 도외시하면 오히려 그 율법은 죽이는 역할을 하는 것입니다. 그래서 율법은 은혜 바깥에 있는 사람에게는 정죄의 근거가 될 따름이지만, 은혜 안에 있는 사람에게는 정죄의 근거가 아니라 생명을 살리는 길이 됩니다. 똑같은 율법인데 어떻게 그렇게 다른 작용을 하는 것입니까? 마음의 할례를 행하는 성령의 참된 은혜의 역사가 있기 때문에 그렇습니다. 다시 말해 율법을 통해 하나님의 뜻을 온전하게 이루고자 하는 소망을 가지고 있는 자는 그 소망을 보되 자신의 죄인 됨을 적나라하게 보고, 동시에 죄사함의 은총을 베푸시는 하나님의 긍휼을 바라보고, 그 긍휼이 율법 안에 있는 속죄의 제사를 통해 제시되고 있다는 사실을 깨닫고, 통회하는 마음으로 주 앞에 엎드려 나가 은혜를 입으니 그 율법이 오히려 그를 살리게 됩니다. 반전이 일어나는 것입니다.

이제 마지막으로 유대인에게 "네가 할례를 가지고 유대인으로서의 안정성을 말하느냐? 그렇지 못하다"라고 하면서 마음의 할례를 받은 자와 그렇지 못한 자를 구별합니다. 마음의 할례를 받은 자와 육의 할례를 받은 자를 구별하는 아주 간단한 방법이 있습니다. 그것은 육의 할례를 받은 사람은 겉으로 보이는 종교적 경건의 모든 동기가 사람 앞에 인정받는 데 있다는 것입니다. 그러니 그런 자들은 사람들이 마땅히 인정해주지 않거나 자신이 기대하는 반응이 나오지 않으면 흥미가 떨어집니다. 신앙생활에 흥미가 떨어지는 것입니다. 그런 자들은 바로 육의 할례를 한 사람입니다. 하나님 앞에서 마음을 열고 하나님만 바라보아야 하는데 그렇지 못한 것입니다.

반면 하나님을 사랑하며 하나님께 감사를 드리는 데 경건과 헌신의 모든 동기가 있으면, 그런 자들은 마음속 깊은 곳의 은밀한 것까지 다 보시는 하나님 앞에서 결코 자기만족을 구하지 않고 오직 하나님이 기뻐하실 일이 무엇인가를 생각하며 그것을 행합니다. 그런 삶은 사람의 칭찬 없이 살려니까 굉장히 고단해 보입니다. 그러나 사람의 칭찬은 오래가지 않습니다. "재산과 명예는 언제라도 사라질 것이다"라는 격언이 있지 않습니까? 명예는 사람의 인정을 받는 자기 영광입니다. 하나님의 영광을 구하는 사람은 남들이 볼 때는 재미가 없는 것 같지만, 사실 하나님을 기뻐하는 가운데 자기의 행복과 자기만족이 차곡차곡 쌓여 갑니다. 이것이 경건의 비밀입니다. 하나님께 칭찬을 구하는 것은 마음의 할례를 받은 자에게 있는 일입니다.

인간의 종교와 하나님 앞에 진실하게 서 있는 종교의 차이는 무엇입니까? 한편으로 외적인 것을 자랑하되 하나님의 뜻을 별로 행하지도 않으면서 오히려 자기를 의롭다 하는 영적인 도착에 빠져 있는 무리가 있습니다. 다른 한편으로는 하나님 앞에서 진실한 마음으로 회개하고 하나님께만 칭찬을 받고 하나님이 기뻐하시는 일로 인해 기뻐하고 그때마다 하나님이 주시는 위로로 감당하며 살아가는 참된 주의 백성이 있습니다. 이 모든 일은 "은혜를 아느냐"라고 묻는 것으로 요약됩니다. 결국 유대인들은 하나님의 은혜를 모르는 자들이었고, 마음의 할례를 받고 하나님의 칭찬을 구하는 자들은 은혜를 아는 자들이라고 나와 있는 것입니다. 하나님은 십자가의 은혜를 자랑하는 우리에게 "은혜를 어떻게 듣고 배우며 아느냐"고 본문을 통해 물으십니다. 과연 어떤 모습으로 살아야 하는지 말씀에서 참 교훈을 깨닫고 그대로 살아가시기를 바랍니다.